아리랑 청년, 세계를 달리다

아리랑 청년, 세계를 달리다

지은이 문현우
펴낸이 임상진
펴낸곳 (주)넥서스

초판 1쇄 발행 2014년 11월 30일
초판 4쇄 발행 2020년 9월 18일

출판신고 1992년 4월 3일 제311-2002-2호
10880 경기도 파주시 지목로 5
Tel (02)330-5500 Fax (02)330-5555
ISBN 979-11-5752-182-1   13320

www.nexusbook.com

아리랑 청년, 세계를 달리다

문현우 지음

넥서스BOOKS

청춘아! 고개를 들어라!

"절대로 고개를 떨구지 말라.

고개를 치켜들고 세상을 똑바로 바라보라."

_헬렌 켈러

대한민국의 한 청년으로서, 청춘의 시기를 보내며 무수히 많은
고개를 넘어야 했다. 그 고개 너머의 세상을 보기 위해 무던히 애썼
지만 거대하고 암담한 고개가 늘 앞을 가로막았다. 그 벽 앞에서 나
는 종종 힘없이 고개를 떨구어야 했다. 곡예를 부려서라도 고개를
넘고 싶었다. 해리포터가 꿈의 호그와트 마법학교로 가기 위해 킹
스크로스역의 벽을 문으로 만든 것처럼.

어린 시절 나는 아버지의 사업 실패와 부모님의 이혼을 지켜봐
야 했다. 그리고 중학교 1학년이 되던 해에 한 평 남짓한 고시원 방

에서 어머니와 함께 살게 되었다. 방황하던 나는 실업계에 진학하여 생각하는 대로 살지 않고, 사는 대로 생각하는 일상을 반복했다. 우여곡절 끝에 대학에 입학했지만 나를 기다리고 있던 것은 쉽게 넘기 힘든 고개들이었다. 학비를 낼 형편이 되지 않아 학자금 대출 빚은 쌓여만 갔고, 주변의 선후배와 동기들이 방학 때면 떠난다는 해외여행과 어학연수는 나에게는 먼 나라의 이야기일 뿐이었다. 결핍이 나를 소개할 수 있는 전부였던 시절, 내 고개는 항상 숙여 있었다.

하지만 나는 고개를 치켜들고 세상을 똑바로 바라보기 위해 노력했다. 나는 항상 고개 너머의 세상을 꿈꾸었다. 내가 넘기로 결심한 고개는 바로 우리 선조들이 무수히 넘고 넘으며 희로애락을 느꼈던 '아리랑 고개'였다. 내가 원하는 고개를 넘기 위해서는 앞만 보고 달리는 그동안의 습관을 고쳐야 한다고 생각했다. 나를 비롯한 요즘의 청년들은 경주마가 차안대를 끼고 앞만 보고 달리듯 보이지 않는 차안대를 낀 채 무작정 달린다.

차안대를 벗어던지자 알록달록한 세상이 눈에 들어왔다. 주변을 둘러보자 이전에는 미처 알지 못했던 세상을 만날 수 있었다. 새로운 세상을 만나자 보이지 않던 정보의 더듬이도 자라기 시작했다. 개미가 더듬이로 지형지물을 파악하듯 지금까지 놓친 정보가 있지는 않았나 더듬이로 열심히 찾아 나갔다. 절벽 앞에서도 겁먹지 않았다. 정보의 더듬이를 활용하여 다른 길을 찾아 나서면 되니까. 용기를 내자 내가 내딛은 한 발 한 발이 기회의 발자국으로 바뀌기 시작했다.

나는 대학 졸업을 앞두고 그동안 꿈꿔 왔던 아리랑 고개를 넘기 위해 하나하나 준비해 나갔다. 아리랑을 전 세계에 알리고 세계인들과 소통하고자 아리랑 유랑단을 창단하여 아리랑 세계일주를 기획했다. 터무니없는 기획이라고 말하는 사람들도 있었지만 내 가슴속에는 강한 자신감이 차올랐다. 올라갈 때는 보지 못했던 꽃들이 내려갈 때에야 비로소 나를 비춰 주는 아름다운 꽃이었다는 사실을 알게 된 순간이었다.

그동안의 내공으로 제안서를 만들어 기업에 제안했고, 결국 1억 원이라는 큰 후원금을 받았다. 그로 인해 나를 믿어 준 아리랑 유랑단 단원들과 함께 아리랑 세계일주 고개를 넘을 수 있었다. 고개를 넘는 과정에는 위험천만한 순간도 있었다. 하지만 파독 간호사 어르신들을 비롯해 얼싸안고 아리랑을 부르며 매순간마다 힘을 주신 재외동포들, 무엇보다 아리랑 유랑단 단원들의 노력이 있었기에 그 순간들을 이겨 낼 수 있었다.

나는 이 책을 기획하며 단순히 청년으로서의 고민과 세계일주 에피소드를 쓰는 것만으로 만족하고 싶지 않았다. 곧 청년이 될 10대에게는 나의 어린 시절의 아픔을 공유하며 '이런 나도 해냈다.'라는 희망찬 미래를, 청년이 되어서도 계속해서 고개 숙이고 고개를 넘는 것을 주저하는 20대에게는 열정 가득한 발품정신의 순간들을 공유하며 진정한 용기를, 청년의 끝자락에서 지난날을 돌아보며 후회하는 30대에게는 포기하기에는 너무 이르다는 세계인들의 사연을 공유하며 응원하고 싶었다. 이것이 내가 이 책을 쓰게 된 이유이다. 그래서 누군가에게는 치부라고 생각할 수 있는, 과거의 아픔들과 그 과정을 이겨 내고 고개를 넘었던 과정들을 솔직 담백하게 담아냈다.

마지막으로 주변을 돌아볼 여유도 없이 앞만 보고 달리는 청춘들에게 가끔은 일상의 소박한 순간을 즐기라고 말하고 싶다. 고개를 넘어서고 싶다면 고개 앞에 당차게 서서 고개 정상에 오르면 어떤 말을 외칠지 상상해 보라. 당신의 힘찬 발걸음은 메아리가 되어 대한민국과 전 세계에 울려 퍼질 것이다.

결국 당신이 꿈을 이루면 당신은 누군가의 꿈이 된다는 사실을 기억하라. 자, 준비가 되었다면 이 책과 함께 힘차게 고개를 넘어보자!

문현우

아리랑 유랑단 알고 가기

1. 아리랑 유랑단이란?

아리랑 유랑단은 한국문화를 전공하는 청년들(국악, 서예, 한국무용, 태권도 등)이 모여 만든 한국문화외교사절단이다. '걸어 다니는 한국'이라는 슬로건 아래 전 세계 17개국, 33개 도시를 돌며 '아리랑'을 알리고 한국문화로 세계인들과 소통하였다. 현재는 한국문화기획패 코아유(코리아 아유 레디)를 창단하여 아리랑뿐 아니라 한국문화를 알리는 데 노력하고 있다. 또한 한글을 테마로 한한글 유랑단을 기획하여 활동하고 있고, 한국문화 아카데미인 아리랑 스쿨을 운영하며 서예그래피, 가야금테라피, 손금보다해금 등의 강좌를 진행하고 있다.

2. 아리랑 유랑단이 걸어온 길

① 지키다(유랑단 프로모션)

• 지역 : 베트남

• 인원 : 문현우(단장), 김예지(대금), 박준영(영상), 이정화(서예)

② 알리다(유랑단 시즌1)

• 지역 : 세계일주. 15개국, 29개 도시

• 인원 : 문현우(단장), 박준영(영상), 이정화(서예), 김동국(타악), 임정민(대금), 신유진(판소리)

③ 배우다(유랑단 시즌2)

• 지역 : 대한민국 전국일주(문경, 정선, 밀양, 진도)

• 지역 : 유럽 4개국(영국, 프랑스, 네덜란드, 독일)

• 인원 : 문현우(단장), 권귀진(가야금 병창), 손정민(피리), 이규빈(한국무용), 정하나(타악)

④ 달리다(유랑단 ing)

• 지역 : 국내(아리랑 스쿨, 국내외 아리랑 콘서트)

• 인원 : 문현우(단장), 권귀진(가야금 병창), 이정화(서예), 백주희(피리), 정은혜(한국무용),

　　　　김의경(해금), 황가연(타악, 연희)

3. 숫자로 보는 아리랑 유랑단의 세계일주

1	세계일주 후원금 1억 원	**6**	유랑단에 참여한 단원의 수 / 유랑 중 맞닥뜨린 병(베드 버그, 고산병, 물갈이, 목감기, 체, 알레르기)
8	유랑 중 사용한 먹물의 수(통)	**16**	최대 시차 (칠레 이스터 섬, 시간)
20	유랑 중 사용한 벼루의 수	**30**	유랑 중 사용한 붓과 단소의 수
79	유랑 중 개최한 행사 횟수(회)	**80**	국내외 언론보도 횟수
117	세계일주 기간 (일, 3월 1일~6월 25일)	**2,200**	유랑 중 사용한 한지의 수
3,653	최대 고도 (볼리비아, m)	**69,000**	유랑 중 총 이동 거리(km)

Contents

1장. 꿈을 현실로 만들다

2장. 지난 고난이 꿈을 키운다

3장. 꿈을 갖고 세상으로 나아가다

4장. 유랑단이 되어 세계를 누비다

5장. 마음으로 소통한 벗을 만나다

1장

꿈을
현실로 만들다

세계를 누비며 나는 꿈을 찾았다. 그리고 그 꿈을 현실로 만들기 위해 지금도 부지런

히 발로 뛰고 있다. 아리랑뿐 아니라 한국문화를 전 세계에 알리고 이를 통해 소통하

는 데 조금이라도 도움이 되고 싶다. 나는 한국문화기획꾼, 문현우이다.

꿈을 현실의 직업으로
만들어 가다

나만의 창조직업 '한국문화기획꾼'으로 살아가다.

많은 사람이 내게 직업을 물어보면 나는 이렇게 대답한다.

"저는 한국문화기획꾼입니다!"

내 대답을 들은 사람들은 모두 어안이 벙벙한 표정을 짓곤 한다. 그런 직업도 있느냐는 듯한 표정에서 나는 오히려 희열을 느낀다. 내가 만든 창조직업인 한국문화기획꾼은 그 어디에도 등록되어 있지 않은, 아직까지는 인정받지 못하는 생소한 직업이다. 하지만 내 가슴속에는 세상에서 하나밖에 없는 직업이라는 자부심, 내가 만든 직업이라는 자부심이 가득하다.

아리랑 세계일주를 하면서 나는 두 가지 생각의 전환점을 맞았다. 첫 번째는 사람들의 생각을 바꿔 놓았다는 것이다. 나는 아리랑 세계일주를 떠나기 전에 천문학적 예산인 1억 원을 만들겠다고 열심히 뛰어다녔다. 처음에는 미친 짓이라고 비난했던 사람들이 어느덧 "너는 해낼 줄 알았어."라며 지지해 주었다. 두 번째는 단순히 일회성 프로젝트로만 생각했던 일이 내 직업이 되었다는 것이다.

세계일주를 하며 만난 많은 재외동포분이 내게 건 기대는 상상 이상이었다. 내가 하고 있는 이 일이 자신들에게 얼마나 큰 힘이 되는지 모른다며 다시금 아리랑 유랑단과 함께 그곳을 찾아주기를 바랐다. 또한 세계 곳곳에서 재외동포들이 지켜 내고 있는 한국문화의 실상을 제대로 보고 느껴서 그 연결고리가 되어 실질적인 한국문화의 힘을 보여 주는 사람이 되어 달라고 말씀하셨다. 귀국 후 학업을 마치고 취업 준비나 하자고 마음먹었던 내가 너무 부끄러워지는 순간이었다.

특히 아르헨티나 재외동포 2세들이 장구가 없어 박스로 연습했다는 이야기를 들었을 때, 미국 뉴욕에서 백발의 어르신이 눈물을 흘리며 감사하다고 말씀해 주셨을 때 한국문화기획꾼이라는 직업을 만들고, 한국문화에 큰 힘이 되는 사람이 되겠다는 다짐이 더욱 확고해졌다.

"나는 우리나라가 세계에서 가장 아름다운 나라가 되기를 원한다. 가장 부강한 나라가 되기를 원하는 것이 아니다. 내가 남의 침략에 가슴이 아팠으니, 내 나라가 남을 침략하는 것을 원치 아니한다. 우리의 부(富)는 우리 생활을 풍족히 할 만하고, 우리의 힘은 남의 침략을 막을 만하면 족하다. <u>오직 한없이 가지고 싶은 것은 높은 문화의 힘이다. 문화의 힘은 우리 자신을 행복하게 하고, 나아가서 남에게도 행복을 주기 때문이다.</u>"

_백범 김구

    그때 문득 백범 김구 선생님의 문화강국론이 떠올랐다. 어릴 적 잠시 스쳐보았던 이 구절이 당시에는 나와 전혀 상관없을 것 같았고, '문화의 힘'이 우리 자신과 남에게 행복을 주는 일이 된다는 것이 무슨 의미인지 도통 이해할 수 없었다. 하지만 아리랑 세계일주를 마치고 재외동포들의 눈물과 내게 보내 주신 기대를 지켜보며 그 의미를 정확히 이해할 수 있었다.

    한국문화는 소통의 힘을 가지고 있었다. 아리랑을 들으며 눈물을 흘리고, 홀린 듯 길거리 공연지를 따라다니면서 공연을 관람하고 응원하는 현지인들을 바라보며 그 힘을 느낄 수 있었다. 처음에 '아리랑'을 전 세계에 알리려 했던 이유는 중국의 동북공정에 맞서기 위한 것이었지만 길거리에서 우리 공연을 가장 행복하게 바라봐 주고 응원해 주는 사람들은 아이러니하게도 중국인과 일본인들이었다. 그들을 바라보는 내 눈에는 어느샌가 색안경이 사라지고 없었다. 그때부터 나는 처음 내가 가졌던 취지를 던져 버렸다. <u>아리랑은 우리의 노래이기도 하지만 그 누군가의 마음을 움직이고 소통할 수 있는 힘을 가진 모두의 노래가 될 수 있다고 생각했다.</u> 그때

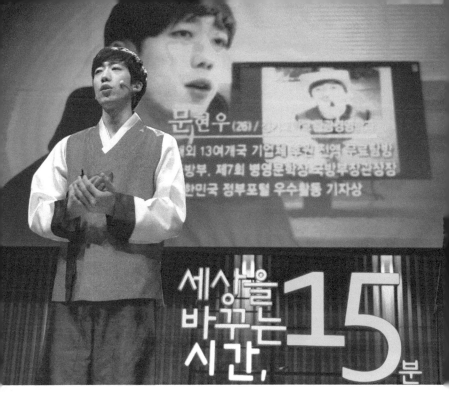

<세상을 바꾼 시간, 15분>에 출연하여
아리랑 유랑단의 열정과 도전 정신을 전했다.

부터 나는 우리 문화를 알린다기보다 우리 문화로 세계인들과 소통한다는 생각을 가졌다.

우리 문화가 세계 최고라고 생각하는 것은 위험하다. 하지만 우리 문화가 소통의 힘을 가진, 세계를 하나로 만드는 연결고리가 될 수 있다는 점은 수백 번이고 인정할 수 있다. 그 중심에서 우리 문화와 다른 나라의 문화를 융합하려는 노력이 반드시 필요하다. 나는 한국문화기획꾼으로서 우리 문화로 타 문화와 소통을 이루어 내는 데 앞장서고 싶다. 그것은 내가 평생 동안 풀어야 할 숙제이자 가치이다.

02
내가 하고 있는 일을
증명하라

내가 하는 일을 싫어하는 얼간이만은 되지 말자.

나는 스무 살 후반의 나이에 참 여러 가지 직업을 가지고 살아가고 있다. 한국문화기획꾼 외에도 교수, 공장장, 교장, 작가, 단장, 대표 등 나를 표현할 수 있는 다양한 직업이 나를 소개해 준다.

예산도 확보되지 않았던 아리랑 세계일주를 준비할 당시, 세계 속에 우리의 식문화를 알리는 '김치버스'라는 팀을 알게 되었다. 그들은 미니버스를 개조하여 김치버스로 만들고 유라시아를 통해 전 세계를 400일간 누비며 우리의 김치를 알렸다. 어떻게든 그들을 만나 보고 싶었고, 멘토링을 받아 아리랑 유랑단에게 더욱 힘을 싣고 싶었다. 그래서 그들의 행사 일정을 확인하여 내가 만든 제안서를 들고 행사장을 찾아갔다.

김치버스의 류시형 팀장님에게 아리랑 유랑단을 소개하고 제안서를 건네며 검토를 부탁드렸다. 내 제안서를 받아든 그의 표정이 사뭇 진지했다가 이내 부정적으로 변했다. 그는 잘 보았다고 말하며 제안서를 내게 다시 돌려주었다. 그 순간, 내 제안서가 얼마나 애처롭던지……. 나는 그의 명함을 받아들고는 꼭 성공해서 김치버스 팀을 다시 찾아오겠다고 다짐했다.

결국 나는 그때의 오기로 아리랑 세계일주 예산을 확보했고, 117일간의 세계일주 일정을 무사히 마치고 돌아올 수 있었다. 김치버스 팀을 다시 만난 것은 연세대에서 진행하는 '청춘여담 세계일주 4인 4색 스토리'라는 주제의 강연장에서였다. 1,000여 명의 청중 앞에서 나는 김치버스의 류시형 팀장님과 어깨를 나란히 하게 되었다. 대기실에서 만난 류시형 팀장님은 "네가 이렇게까지 해낼 줄 몰랐다."라고 말하며 나를 칭찬해 주었다. 세상에서 가장 뿌듯한 순간이었다. 누군가 부정하는 일이 있다면 그 일을 증명해 보이기만 하면 된다. 이는 내가 좋아하는 일을 세상으로부터 인정받는 가장 단순한 방법이다.

얼마 후, 트랙터로 우리나라 전국일주는 물론 터키를 누빈 트랙터 청년 강기태 형님과의 인연으로 '여행대학'이라는 모임에서 류시형 팀장님과 다시 만나게 되었다. 이제 우리는 "~팀장님", "~씨"가 아닌 돈독한 형과 동생 사이가 되었다.

여행대학은 여행을 가고 싶지만 정보가 없거나 두려움이 있는 이들에게 강의를 통해 여행을 직접 디자인하게 만들어 주는, 말 그

말이 통하지는 않았지만 세계의 다양한 사람을 만나며
우리는 마음으로 통하는 법을 배웠다.

대로 '여행을 가르쳐 주는 대학'이다. 우리가 흔히 알고 있는 정식 대학은 아니지만 우리는 여기서만큼은 대학교수가 되어 '살아 있는 역사'를 만들어 냈다.

또한 '스토리가 스펙을 이긴다'라는 주제를 가지고 '스펙터클한 스토리를 만들어 주는 공장'이라는 뜻의 '스펙토리 공장' 교육 프로그램도 만들었다. PPT, 블로그, 글쓰기, 말하기 등 다양한 주제의 강의를 통해 자신의 스토리를 발견하고 개발하는 커리큘럼으로 운영된다. 이곳에서 나는 '공장장'이라 불린다.

뿐만 아니라 한국문화교육 체험 등을 선보이는 아리랑 스쿨을 만들어 서예그래피, 승승장구, 가야금테라피와 같은 수업을 개설해서 운영하고 있다. 이곳에서 나는 '교장 선생님'이라 불린다. 아리랑 유랑단과 함께 공연을 갈 때면 '공연기획자'라 불렸고, 사람들을 만날 때는 '대표'라는 직함으로 불렸다. 이처럼 나는 다양한 직업의 직함을 갖고 살아가고 있다.

우리가 잘 알고 있는 직업들은 사회에서 정한 룰대로만 생기는 것이 아니다. 직접 직업을 만들 수도 있고, 갖고 싶은 직업에 해당되는 단체를 만들 수도 있다. 내가 좋아하는 작가 중 한 명인 다카하시 아유무(여행작가,《러브 앤 프리》의 저자)는 이렇게 말했다.

"어른이 본격적으로 놀면 그건 틀림없이 일거리가 돼. 이 법칙, 알고 있어?"

정처 없이 미래를 고민한 적이 있었다. 그 고민 끝에 '에라이, 모르겠다. 내가 하고 싶은 거 맘껏 해 보자.'라는 심정으로 달려들었다. 프리 허그에 반격하여 인사동에서 프리 절을 하는가 하면 한복을 입고 마라톤을 뛰는 별의별 돌아이 짓(?)을 다했다. 그랬더니 그것이 세상에서 하나밖에 없는 나만의 직업이 되고 일거리가 되었다. 내가 내린 진로에 대한 결론은 이렇다. 일거리에 대한 고민을 하기보다 놀거리에 대해 고민하는 것이 훨씬 생산적이라는 것! 다카하시 아유무의 책에서 발견한 또 하나의 구절이 있다.

'내가 하는 일을 싫어하는 얼간이만은 되고 싶지 않다.'

자식의 미래를 선택해 주는 부모, 연봉만을 좇아 취업한 뒤 구시렁거리는 신입사원들……. 나는 미래에 내 자식이 그런 삶을 사는 것을 원치 않는다. 나는 이후에 내 자식에게 이렇게 말해 줄 것이다.

"네가 하는 일을 싫어하는 얼간이만은 되지 마렴, 네 인생은 너의 것이란다."

03
창조직업인으로서의 삶을 살다

한글 유랑단, 한복런 등 문화를 지키는 기지를 발휘하다.

한국문화를 알리는 청년보다 한국문화로 소통하는 청년, 한국문화를 지키는 청년이 되고 싶었다. 이런 생각이 내 가슴을 더욱 뛰게 만들었다. 안타깝게도 우리의 현실은 우리 문화를 잘 지켜 내지 못하고 있다. 한국문화를 알리고 소통하고 지켜 내는 청년들을 양성하는 컨트롤 타워들이 붕괴되고 있기 때문이다.

중앙대 비교민속학과 폐과, 계명대학교 동양화과 폐과, 세계 최초의 서예학과인 원광대 서예학과 폐과 소식은 물론 전국 유일의 배화여대 전통의상학과의 통폐합 소식은 내 가슴을 철렁이게 만들었다. 중국 동북공정의 문제로 '아리랑'을 빼앗길 위기에 처해 있다는 소식을 들었을 때와 같은 기분이었다. 내가 할 수 있는 일은 그저 아리랑 세계일주 때처럼 행동하는 젊음을 내세우는 것뿐이었다.

함께 세계일주를 하며 우리나라 서예에 대해 고민하던 정화에게 원광대 서예학과 폐과 소식을 듣고 나서 나는 아리랑 유랑단에 이어 한글 유랑단을 창단하기로 마음먹었다. 원광대 서예학과 폐과는 이미 엎질러진 물이었기에 나의 그릇으로 주워 담기에는 역부족이었다. 그렇다고 지켜만 볼 수는 없었다. 나는 우리나라에 남아 있는 2개 학교의 서예학과라도 지켜 내고 싶었다. 우리나라에는 현재 경기대와 대전대에 서예학과가 남아 있다. 이 두 학교의 서예학과 학생들을 주축으로 우리의 한글이 가진 가치를 고민하고 소통할 수 있는 방안을 찾기로 했다. 그리고 한글과 한자의 융합이라는 의미에서 '한글×한자 프로젝트'를 만들어 국문학, 중문학, 디자인 전공자를 한데 모았다. 이로써 처음으로 서예학과 전공 학생들을 필두로 한글 유랑단이 기지개를 켜게 되었다.

우리는 말이 통하지 않을지언정 글자로는 통할 수 있다는 전제 아래 한글과 한자를 한 글자로 만드는 일에 몰두했다. 예를 들어 산돌광수체 등을 개발한 산돌커뮤니케이션즈의 석금호 대표님과 중국 청도과학기술대의 Yang Jin Hua 교수님께 자문을 구해 한글 '꽃'과 한자 '花'를 절묘하게 융합시켜 새로운 형태의 글자를 만들어 냈다. 신기하게도 중국인들에게 물어보면 바로 '花'자를 알아봤고, 한국인에게 물어보면 '꽃'자를 먼저 알아보며 우리가 목표로 했던 서예학과 학생들이 중심이 된 한글의 디자인적인 가치까지 창출할 수 있었다. 이러한 우리의 프로젝트를 응원해 주는 많은 후원자를 통해 크라우드 펀딩으로 430만 원을 마련하였고, 중국 청도에 방문하여 청도과학기술대 학생들과 함께 한글로 소통하는 프로젝트를 진행할 수 있었다. 이번 계기로 우리의 서예를 통해 서예학과와 한글의 가치를 지켜 내는 미래지향적인 생각의 발판을 마련할 수 있었다.

또 한 가지 안타까운 것은 서예학과뿐 아니라 국내 유일의 전통의상을 전공하는 배화여대 전통의상학과의 통폐합 소식이었다. 학생들이 한복을 곱게 입고 광화문 세종대왕상 앞에서 시위를 하는 모습이 언론을 통해 소개되었을 때 얼마나 마음이 아팠는지 모른다. 나는 때마침 호주 골드코스트 마라톤을 뛸 기회가 있었는데, 작은 힘이라도 보태고자 한복을 입고 마라톤을 뛰기로 결심했다. 비록 풀코스가 아닌 10km의 짧은 코스였지만 '아리랑 유랑단'을 통해 한복을 입고 세계를 누비며 겪은 힘겨웠던 순간들이 떠오르자 바짝 긴장이 되었다. 통풍이 되지 않아 땀이 비 오듯 흘러 계속해서 시야를 가렸다. 그 짧은 시간 동안 포기하고 싶은 순간이 몇 차례나 있었지만 지금의 이 작은 행동이 배화여대 전통의상학과 학생들에게 큰 힘이 될 수 있다는 생각으로 버텼다. 그리고 결국 완주를 해냈다.

물론 나의 완주가 배화여대 전통의상학과 통폐합을 막을 수는 없었지만 만학도로 입학한 지인의 어머니가 큰 힘을 받았다며 보내 주신 문자메시지를 보면서 앞으로 이와 같은 일이 더 벌어지지

호주 골드코스트 마라톤 대회를 통해
배화여대 전통의상학과 통폐합에 대한 반대 의지를 보여 주고자 했다.

않도록 더욱 힘을 주는 사람이 되어야겠다고 생각했다.

　나는 우리의 문화가 손 쓸 틈도 없이 사라지는 모습을 더 이상 보고 싶지 않다. 한국문화가 세상 소통의 중심이 되려면 알리는 것보다 지켜 내는 것이 선행되어야 한다. 나는 그 중심에 우리의 청년들이 서야 한다고 생각한다. 많은 청년이 우리 문화를 올바르게 알고 바로 세우는 한국문화의 컨트롤 타워 역할을 수행할 수 있기를 바란다.

프리 허그가 아닌
프리 절을 하다

한국문화로 소통하는 사람들이 점점 더 많아지기를 바란다.

'FREE HUG(프리 허그)'는 이제 '이색'이라는 수식어가 붙기에 무색할 정도로 상당히 익숙해졌다. 나는 세계를 누비며 다양한 곳에서 프리 허그 캠페인을 진행하고 있는 청년들을 보았다. 그들은 따뜻한 포옹을 통해 많은 사람의 마음을 따뜻하게 만들며 소통을 시도하고 있었다. 그들에게 있어서 인종은 아무런 장애물이 되지 않았다. 그런데 그 모습을 보며 나는 한편으로 아쉬움도 느꼈다. 우리에게도 분명 사랑과 공경을 담은 '절'이라는 전통 인사 예절문화가 있는데, 왜 우리나라에서는 절을 활용한 캠페인이 이루어지지 않는 것일까.

그래서 나는 한 가지 재미있는 일을 기획하게 되었다. 이름하여 'FREE 절'. 나는 추석을 맞이하여 인사동으로 향했다. 2개의 방석과 갈대 돗자리를 챙기고 한복을 곱게 차려입었다. 그러고는 화이트보드에 'FREE 절'과 'Free Korean Traditional Deep Bow'라고 적은 뒤 본격적으로 프리 절 캠페인을 홍보하기 시작했다. 내 모습이 흥미로웠는지 지나가던 많은 시민과 외국인이 시작도 전에 나를 에워쌌다. 하지만 누구 하나 선뜻 나서지 않았다.

그때 용기 내어 내 앞에 선 이들이 바로 어린 아이들이었다. 부모님과 함께 인사동을 찾은 어린 아이들은 나에게 절을 배워 가며 어설프지만 세상에서 가장 아름다운 절을 선보였다. 분위기가 무르익자 이제 외국인들도 다가오기 시작했다. 그들은 단순히 관광을 하기 위해 찾은 한국에서 절을 배우며 특별한 추억을 쌓았으리라. 나는 그들의 눈빛에서 그런 일렁임을 느꼈다. 신기한 표정으로 바라보는 외국인 노부부부터 아이들까지 인사동에서 펼쳐진 'FREE 절'로 인해 말은 통하지 않아도 마음이 통하는 시간을 마련할 수 있었다.

이 프로젝트를 기획하며 나뿐 아니라 다양한 사람이 전국 곳곳에서 아니 세계 곳곳에서 프리 절 캠페인을 이어 가기를 바랐다. 개인 페이스북에 올린 동영상을 보고 '좋아요' 버튼을 누른 사람이 1,000명이 넘었지만 실제 행동으로 옮긴 사람은 쉽게 나타나지 않았다.

그런데 얼마 전에 소은혜라는 소녀가 나의 프로젝트를 보고 강남역에서 프리 절 캠페인을 한 사진을 보내왔다. 인사동이야 워낙

외국인도 많고 한복을 입고 다니는 것이 어색하지 않은 공간이지만 강남의 분위기는 많이 다르다. 강남 한복판에서 분명 많은 사람의 시선이 부담스럽고 쑥스러웠을 텐데 소녀는 프리 절 캠페인을 아주 멋지게 성공시켰다. 소녀의 모습을 보며 나는 한국문화기획꾼이라는 직업에 대한 사명감이 더욱 단단해졌다.

아직까지 나의 행동은 미약하지만 세계인들과 소통할 수 있는 한국문화기획들이 언젠가는 세계 곳곳에 큰 소통의 창구를 만들어줄 것이라 믿는다. 그리고 언젠가 내가 만든 이 직업이 수십 명, 수백 명의 직업이 될 것이라 믿는다. 전 세계의 많은 사람이 한국문화로 소통하면 지금보다 더욱 다양하고 따뜻한 세상을 만들 수 있지 않을까?

05
훌륭함의 기준을
새로 쓰다

대통령상 그리고 세 번의 장관상을 수상하다.

"대통령상 수상자로 선정되었습니다"

한국문화기획꾼으로 살아가며 송구스럽게도 다양한 상을 수상했다. 김연아, 손연재, 양학선 선수와 더불어 '대한민국 인재상'으로 대통령상을 수상하는가 하면 한국관광공사에서 주최하는 창조관광 사업공모전 대상의 영예로 문화체육관광부장관상과 함께 수천만 원의 상금을 받아 '아리랑 스쿨'이라는 한국문화교육 체험센터를 오픈할 수 있었다. 막연하게나마나 꿈꾸었던 버킷리스트들을 한국문화기획꾼이라는 창조직업을 통해 이루게 되었다.

내 어릴 적 꿈은 청와대에 가서 대통령을 만나는 것이었다. 청와대에만 간다면 대통령을 동네 아저씨처럼 만날 수 있을 것이라고 생각했다. 하루는 학교에서 청와대로 견학을 간다는 소식을 듣고 몇 날 며칠 잠을 이루지 못하기도 했다. 하지만 막상 청와대에 가자 내 생각과 다르게 청와대 문은 굳게 닫혀 있었다. 담장 밖에서 까치 발을 들고 겨우 내부를 힐끔 본 것이 전부였다. 선생님께 어떻게 하면 대통령을 만날 수 있는지 여쭤 보았지만, 선생님은 훌륭한 사람이 되면 가능하다는 두루뭉술한 답만 주었다. 그때 나는 마음속으로 훌륭한 사람이 되어 대통령을 만나겠다는 버킷리스트를 하나 추가했다.

그런데 대체 훌륭한 사람의 기준이 뭔지 알 수 없었다. 사회가 정한 룰을 잘 지키고, 사회가 인정하는 직업을 가지면 훌륭한 사람이 되는 것일까? 누구 하나 훌륭한 사람의 기준에 대해 말해 주지 않았다. 하지만 커 갈수록 모르면 몰라도 사회에서 인정하는 훌륭한 사람은 명문 대학을 졸업하고, 누구나 인정하는 직업을 가져야 된다는 것쯤은 이해되기 시작했다.

그럼에도 불구하고 나는 나만의 소신으로 훌륭한 기준을 갖고 살아가고 싶었다. 방황했던 청소년기를 거치고 청년이 되었을 때만 해도 나는 훌륭함과는 거리가 먼 대학생활을 보내고 있었다. 청와대에 가서 대통령을 만나는 꿈은 사라진 지 오래였다. 하지만 대통령직속 사회통합위원회라는 곳의 대학생 모니터단으로 활동하면서부터 그 꿈을 다시 떠올렸다. 나는 경기지역의 대학생들끼리 대학생의 시선으로 다양한 의견을 공유하고 왕성한 활동을 한 것이 계기가 되어 청와대 오찬 자리에 초대되었다. 드디어 꿈에 그리던 버킷리스트를 이룰 수 있는 순간이 찾아온 것이다.

아리랑 세계일주를 다녀오고 난 뒤 많은 사람에게 훌륭한 청년, 훌륭한 인재라는 이야기를 많이 들었다. 사회에서 인정받는 명문대나 직업을 가진 사람이 아니었음에도 나만의 소신을 갖고 세계인들에게 한국문화를 알리고 소통하며 지켜 내는 일들을 함으로써 나만의 훌륭함의 기준을 만들어 냈다는 사실이 무척 뿌듯했다. 대통령상을 받음으로써 세상에 나와 같은 청년도 훌륭하다는 평가를 받을 수 있다는 것을 보여 준 것 같아 스스로가 얼마나 대견했는지 모른다.

많은 사람이 "한국문화기획꾼으로 살면 먹고사는 데 지장이 있지 않나요?"라는 질문을 자주 한다. 사람들의 눈에는 내가 스스로의 밥벌이도 못하면서 꿈만 쫓는 사람으로 비치는 것일까? 하지만 나는 다양한 곳에서 강연과 저술 활동을 한다. 그로 인해 긍정적인 가치를 퍼트리는 동시에 강연료나 원고료 등의 수익을 창출하고 있다. 이를 다시 한국문화를 전공하는 청년들과 아리랑 유랑단의 해외문화교류 활동에 투자하는 선순환의 고리를 만들어 내고 있다.

얼마 전에는 한국관광공사에서 주최하는 창조관광 사업공모전에서 대상을 받아 '아리랑 스쿨'을 펼쳐 보일 수 있는 한국문화체험 교육센터를 오픈하였다. 일반인은 물론 한국에 거주하고 있는 외국인에게도 교육 등의 체험을 통해 수익을 창출하며 한국문화 아

꾸준한 노력 끝에 대통령상 수상이라는
영광스러운 열매를 맺게 되었다.

카데미의 전 세계 프렌차이즈화를 꿈꾸고 있다.

하지만 아직도 안타까운 것은 "훌륭한 일을 한다면서 수익을 내면 되겠어?"라는 말을 들을 때이다. 한국문화를 전공하는 아리랑 유랑단 단원들은 좋은 일이라며 재능 기부를 강요받는 일이 비일비재하다. 우리도 언제까지나 후원에 의존할 수만은 없는 노릇이다. 한국문화를 전공하는 청년들에게는 무엇보다 금전적으로 안정된 시스템이 필요하다. 그러기 위해 나는 지금 사회가 갖고 있는 문화예술가들에 대한 편견을 바꾸고 싶다. 그래야 한국문화를 전공하는 청소년이나 청년들 그리고 나와 같은 한국문화기획꾼들이 더욱 꿈을 향해 두려움 없이 달려갈 수 있지 않을까?

나는 남들이 개척하지 않은 길을 통해 대한민국에서 훌륭함의 기준을 새로 쓰는 데 조금이나마 일조했다고 생각한다. 이제는 새 역사를 써 나갈 청소년과 청년들을 만들어 내기 위해 더욱 안정되고 도전적인 고개를 넘으려 한다. 분명 고개를 넘으며 가시밭길도 마주할 것이고 늪지대에서 허덕거리기도 하겠지만, 고개 정상에서 우리의 한국문화가 세계에 메아리처럼 울려 퍼질 상상을 하며 힘찬 발걸음으로 나아갈 것이다.

06
나는 경기대학교
출신이다

내가 속한 학교와 단체를 사랑하라.

"저는 경기대학교 출신입니다!"

대학에 입학하고 나서 학교를 빛내고 알리는 역할을 하는 학교 홍보대사에 지원했다. 한 번의 고배를 마신 뒤 학교 홍보대사가 될 수 있었다. 재학 시절과 또 졸업 후 총 두 차례에 걸쳐 학교 모델로 선정되어 15개의 일간지에 소개되는 영예를 얻기도 했다.

재학 당시 학교를 대표하는 홍보대사로서 학교를 방문하는 중고등학생들에게 캠퍼스 투어를 해 줄 기회가 있었다. 학교를 방문한 학생들은 "꼭 경기대학교에 입학하고 싶다.", "부럽다, 자랑스럽다."라고 말하며 우리를 치켜세워 주었다. 정말이지 학생들의 한마디에 우리 학교가 자랑스러웠다. 하지만 정작 우리 학교를 폄하하거나 부끄러워하는 사람은 외부가 아닌 우리 안에 있었다. 한때 축제를 기념하여 경기대학교의 자부심을 가지라는 의미에서 학교마크 뱃지를 판 적이 있었는데 저걸 어떻게 달고 다니냐는 소리를 들었다.

미국의 35대 대통령인 존 F. 케네디는 취임 연설문에서 이런 말을 했다.

"국민 여러분, 국가가 여러분에게 무엇을 할 것인가를 바라지 말고 여러분이 조국을 위해 무엇을 할 것인가를 생각하십시오. 그리고 세계 시민 여러분, 미국이 여러분을 위해 무엇을 할 것인가를 바라지 말고 우리 모두 손잡고 세계 인류의 자유를 위해 무엇을 할 수 있는가를 간구합시다."

나는 학교를 대표하여 신문 전면 광고에 두 차례나 실렸다. 많은 학생이 학교 동문인 스포츠 스타 기성용과 이용대처럼 잘생기고 멋진 일을 하는 사람들만 학교 모델이 될 수 있다고 생각했다. 그런데 내가 모델이 될 수 있었던 것은 학교에 무엇을 바라기보다 '학교를 위해 내가 할 수 있는 일이 무엇이 있을까?'라고 생각했기 때문이었다.

내가 다니는 학교는 남들이 소위 말하는 명문대는 아니다. 하지만 내가 명품이 된다면 자연스레 내가 소속된 학교도 명문이 될 것이라 생각하고 열심히 활동했다. 내가 내 학교를 사랑하지 않거나 자랑하지 않으면 그 누구도 사랑하거나 자랑해 주지 않는다. 자신이 소속된 학교나 단체를 탓하지 말고 먼저 자기 스스로 자신이 소속된 곳을 명문으로 만드는 명품이 되어야 한다. <u>바꿔 말해 내가 태어나고 살아온 대한민국의 문화를 사랑하지 않거나 자랑하지 않으면 그 누구도 제대로 사랑하거나 자랑하지 않는다.</u>

개인의 작은 행동들이 씨앗이 되어 내가 살고 있는 대한민국이 세계 속에 더욱 당당하고 자랑스럽게 뿌리 내릴 수 있다. 당신의 엉덩이에는 눈에 보이지 않는 'Made in Korea'라는 스탬프가 찍혀 있다. 당신이 해외에서 앉고 일어난 자리에는 'Made in Korea'가 찍힌다. 국가대표라는 생각을 갖고 언제 어디서나 솔선수범하는 한국인이 되기를 바란다.

경기대학교 홍보대사가 되어 학교의 광고 모델로 활동하였다.

2장

지난 고난이
꿈을 키운다

어릴 적 나는 꿈도 희망도 없었다. 그저 눈앞의 현실에서 벗어나고 싶었다. 그래서

무작정 밖으로 나를 내던졌다. 그러다 문득 꿈을 만났고 새로운 희망을 품게 되었다.

이것은 내 꿈을 찾아가기까지의 과정을 담은 이야기이다.

01
타인의 시선에서 벗어나
나만의 꿈을 키우다

부모님의 이혼, 고시원 방에서 꿈을 키우다.

중학교 1학년이 되던 해, 조기유학을 마치고 고국으로 돌아오자마자 아버지의 사업 실패와 부모님의 이혼을 눈앞에서 지켜봐야 했다. 낭떠러지 앞에 서 있는 기분이었다. 어머니와 나는 한 평 남짓한 고시원 방에 둥지를 틀었다. 한 발만 더 내딛으면 낭떠러지 아래로 떨어질 것 같았다. 어머니가 주는 모이를 받아먹으며 악착같이 그곳에서의 삶에 적응해 나갔다. 그러던 어느 날, TV에서 나오는 노래를 따라 흥얼거렸다는 이유로 옆방 고시원생이 찾아와 타박하기 시작했다.

"이곳이 너희 집이야? 여기는 고시 공부하는 방이야!"

그렇다. 이곳은 타인에게는 '집'이 아닌 '임시 공간'일 뿐이었다. 그때부터 나는 벙어리처럼 고시원 '방' 생활을 하게 됐다.

당시 세상에서 가장 듣기 싫은 말은 "너희 집에 놀러가도 돼?"였다. 내가 아무리 집이라고 생각해도 다른 이들에게 이곳은 고시원 그 이상도 그 이하도 아니었다. 외국생활을 하고 왔다는 이유만으로 나를 유독 괴롭히는 친구가 있었는데, 하루는 그 친구가 내가 사는 곳을 꽁꽁 숨긴다는 것을 눈치채고 내 뒤를 밟아 내가 고시원에서 사는 것을 알아냈다. 그 친구가 괴롭히는 것이 도가 지나치자 선생님에게 말하겠다고 했더니 그 친구는 영악하게도 "나 너 어디 사는 줄 알아. 이르면 다 말해 버릴 줄 알아!"라고 말하며 나를 협박했다. 어린 나이에 너무 큰 충격을 받아 엄마를 붙잡고 하염없이 눈물을 흘렸다.

'고시원은 집이 아니야.'라고 생각하자 나는 밖으로 나를 내던지기 시작했다. 환경이 사람을 만든다고 했던가? 동네에는 프로축구팀 안양FC의 홈구장인 안양종합운동장이 자리하고 있었다. 나는 경기가 있는 날이면 그곳을 찾았다. 마음껏 소리치고 응원해도 누구 하나 뭐라고 하는 사람이 없었다. 그곳에서만큼은 나도 날갯짓을 할 수 있었다.

축구에 열광하다 보니 자연스럽게 붉은악마에도 가입하게 되었다. 광화문이라는 곳에서 길거리 응원을 할 예정이라는 소식을 듣고 혼자서 처음으로 낯선 서울로 상경했다. 당시 광화문 동아일보 사옥의 전광판 앞에 모인 붉은악마는 20여 명 남짓이었다. 주변을 지나가던 사람들은 보이지도 않는 전광판을 보며 응원한다고 혀를

끌끌 찼다. 나는 그때만큼은 자유를 노래하는 새가 되었기에 타인의 시선은 신경 쓰지 않았다. 그로부터 붉은악마 길거리 응원은 평가전이 있을 때면 멈추지 않고 이어졌고, 결국 1년 뒤 스무 명 남짓이던 붉은악마는 수만 명이 되어 거리를 붉게 물들이는 장관을 연출했다.

나는 한 가지 교훈을 얻었다. 사람들이 미쳤다고 손가락질해도 그것을 증명해 낸다면 그것은 소수만의 꿈이 아니라는 것을, 세상 공통의 꿈이 된다는 것을 말이다. 무언가를 원한다면 그 누구의 시선도 신경 쓰지 말고 증명할 때까지 계속해서 도전하라.

어린 시절에 만난 붉은악마 응원단은
내게 자유와 소통의 창구가 되어 주었다.

02
꿈을 버리지 않았기에
꿈도 나를 안아 주었다

실업계 고등학생, 4년제 대학에 입학하다.

고등학교 진학 시기가 다가왔다. 자연스레 공부와 거리가 멀어져 있었기에 당시의 내 성적으로는 실업계 외에 갈 수 있는 고등학교가 없었다. 결국 가까운 실업계로 진학하게 되었다. 그곳에서도 나의 삶은 방황의 연속이었다. 방과 후에 PC방, 플스방, 노래방 등을 전전하며 방, 방, 방을 뛰어다녔다. 꿈이 없었기에 미래라는 것을 그릴 줄 몰랐다. 생각하는 대로 사는 것이 아닌 사는 대로 생각하는 시절이었다.

어느 날 고시원의 꽉 막힌 벽을 바라보았다. 문득 해리포터가 꿈의 호그와트 마법학교로 가기 위해 킹스 크로스역 벽으로 돌진했듯, 나도 해리처럼 고시원 벽을 문으로 만들어 세계를 누비고 싶다는 생각이 들었다. 때마침 누군가의 얼굴이 벽에 흐릿하게 그려졌다. 조기유학을 떠나기 위해 비행기에 홀로 올라탄 나를 아들처럼 챙겨 주던 승무원의 얼굴이었다. 승무원은 자신의 돈을 들이지 않고도 세계를 누빌 수 있는 직업이 아닌가? 꽉 막힌 벽을 뚫고 세상을 향해 지금이라도 당장 날아가고 싶었다. 컴퓨터를 켜고 '승무원'이라는 단어를 검색해 보았다. 흔히 스튜어디스라 불리는 승무원은 여자만의 직업인 줄 알았다. 남자도 승무원이 될 수 있지 않을까 싶어 찾아보니 '스튜어드'라 불리는 남자 승무원이 있었다. 그 순간, 나에게도 꿈이 생겼다.

자세한 요건을 알아보기 시작했다. 하지만 실망은 곧 절망이 되었다. 당시 남자 승무원이 되기 위해서는 '4년제 대학 졸업' 학력이 필요했다. 공부와는 담을 쌓고 전문대를 목표로 하던 실업계생에게 4년제 대학 진학은 하늘의 별을 따는 것과 다를 바 없었다. 하지만 밑져야 본전 아닌가? 해 보지도 않고 후회하지 말고, 해 보고 나서 후회하자. 나는 '방.방.방'을 청산하고 동네 공부방을 다니기 시작했다. 불가능을 가능하게 만들어 주는 원동력, 그것이 바로 꿈이다. 꿈이라는 것이 이렇게 무서울 줄이야.

4년제 대학교 입학을 목표로 세웠으니, 다음 순서는 4년간 내가 공부해야 할 학과를 선정하는 것이었다. 하늘을 날며 전 세계를 누벼야 하니 영어 실력이 필수였다. 영문학과가 가장 먼저 떠올랐다. 하지만 정작 내 눈을 사로잡은 학과가 따로 있었으니 바로 관광경영학과였다. 항공업은 관광산업에 속해 있고, 영어는 물론 관광에 관한 실무적이고 이론적인 수업을 배울 수 있는 포괄적인 학문의 학과가 바로 관광경영학과였다. 나의 꿈은 3개 대학의 관광학과로 압축되었다.

모의고사 점수가 발표되던 날, 형편없는 점수가 내 눈앞에 누런 니를 드러냈다. 하지만 여기서 멈출 수 없었다. 벽을 문으로 생각했으면 벽이 문이 될 때까지 달려드는 수밖에 없었다. 나는 꿈을 향해 멈추지 않고 달려들었다. 다행스러운 것은 실업계 특별 전형이라고 해서 실업계생들끼리 경쟁할 수 있는 지원 분야가 있었다. 그런데 2곳의 학과는 점수 차이가 많이 나 어려웠고 가망성 있던 한 곳마저도 실업계 특별 전형으로는 수시에서 미충원된 인원만 정시로 뽑는다는 것이었다. 수시 포기자가 없을 경우 나의 꿈은 좌절될 것이 불 보듯 뻔했다.

수능 점수가 발표되고 안타깝게도 내가 목표로 한 관광학과 중 지원할 수 있는 곳은 한 곳밖에 되지 않았다. 첩첩산중이라고 그곳은 바로 수시 미충원을 기다려야 하는 경기대학교 관광경영학과였다. 하루하루가 외나무다리를 건너는 기분이었다. 그런데 희망적인 소식이 들려왔다. 수시 미충원으로 1명의 자리가 난 것이다. 엄청난 경쟁률이 예상되었다. 담임선생님이 만류했지만 나는 꿈 외에는 아무것도 보이지 않았다. 내 꿈이 있는 곳이기에 경쟁률이 어떻든지 나는 지원할 수 있는 것만으로도 행복했다.

뚜껑이 열렸다. 1명 모집에 34명 지원. 어마어마한 경쟁률이었다. 경쟁률만으로는 가능성이 희박했다. 그렇게 시간이 흘러 1차 합격자 발표가 있던 날, 나는 예비 4번을 받았다. 가능성은 더욱 줄어들었다. 내가 활동하던 온라인 커뮤니티에 예비 2번이 나타났다. 그는 자신의 차례가 오면 무조건 등록을 할 것이라며 으름장을 놓았다. '재수를 해야겠다.' 하고 마음먹고 있을 때쯤 그 친구가 커뮤니티에 글을 게시했다. 자신의 차례가 왔지만 타 대학에 합격하여 그 학교에 등록할 것이라는 글이었다. 어두워서 보이지 않았던 터널 속에 한줄기 빛이 보이기 시작했다. 하지만 눈앞에는 예비 3번의 철옹성이 남아 있었다.

최종 등록이 코앞에 다가온 어느 날 아침, 한 통의 전화가 걸려왔다.

"문현우 씨죠? 경기대학교입니다. 예비 4번 차례가 왔습니다. 등록하시겠습니까?"

꿈은 절대 사람을 버리지 않는다. 사람이 꿈을 버리는 것이다. 결국 내가 꿈을 버리지 않았기 때문에 꿈도 나를 버리지 않았다.

03
콤플렉스는
선택과 인내심의 문제이다

무대공포증, 연극 동아리에 가입하다.

나는 유독 자신감이 없었다. 친구들과 어울릴 때면 누구보다 말이 많은 학생이었지만, 소란을 부려 선생님 앞으로 불려 가면 말 한마디 제대로 하지 못하는 소심의 끝판왕이었다. 대중 앞에 서는 것이 세상에서 가장 두려운 일이었기에 마이크를 쥐고 있으면 절로 식은땀이 났다. 결국 나는 마이크를 기피하기에 이르렀다. 고민 끝에 내가 선택한 방법은 뒷짐을 지고 이야기를 하는 방법이었다. 하지만 그것도 임시방편이었을 뿐, 마이크가 없는 목소리는 어느새 기어 들어가 금세 위축되고 자신감을 잃기 일쑤였다.

어렵게 대학에 입학하니 조별 발표 등 대중 앞에 서서 이야기할 일이 많아졌다. 하지만 자신감 결여는 물론 무대공포증에 사로잡혀 있던 내게 그런 순간들은 곤욕의 연속이었다. 더 이상 나의 단점을 콤플렉스로만 둘 수 없었다. 계기가 필요했다. 내가 생각하는 계기는 객기에서 오는 것이다. 객기의 사전적 의미는 '객쩍게 부리는 혈기나 용기'인데 결론적으로 계기는 나의 젊은 혈기와 용기로 용인되어 만들어지는 것이지 누군가 떠먹여 주지 않는다는 결론에 이르렀다. 그래서 곰곰이 생각한 끝에 선택한 것이 '연극 동아리'였다. 연극 동아리에서 활동하면서 무대에 오르다 보면 자신감 없던 나를 바꿀 수 있을 것 같았다.

용기 내어 선택한 연극 동아리는 선뜻 나를 일원으로 받아들여 주었다. 하지만 하루하루가 나에게는 어려움의 연속이었다. 방과 후 매일같이 모여 발성 연습이며 대본 연습을 해서 내 시간이 없어졌다. 다른 동아리에 들어간 동기들의 이야기를 들어보면 여유의 극치였다. 매일같이 모이지 않아도 되고, 만나면 웃고 놀 수 있는 자유로운 분위기라며 놀려댔다. 회의감이 들기 시작했다. 하지만 내가 선택한 일이었기에 포기할 수 없었다.

그렇게 첫 학기가 끝나갈 무렵 연극 한 편을 올릴 수 있었다. 그때 무대 뒤에서 느낀 가슴 떨림은 아직도 잊혀지지 않는다. '피할 수 없다면 즐겨라.'라는 말이 있듯 내가 할 수 있는 것은 그 순간을 즐기는 일뿐이었다. 나는 무대에 올라 또 다른 나를 연기했다. 조명 때문에 관객들이 자세히 보이지는 않았지만 어느덧 그들의 눈빛을 즐기고 있는 나를 발견할 수 있었다. 무대공포증이 있던 나에게 그 순간은 콤플렉스를 물리친 기적의 순간이었다.

대학 시절에 경험한 연극은
나를 무대 공포증에서 벗어날 수 있게 도와주었다.

이 한 편의 연극을 올리기 위해 나는 매일같이 연습에 매진했다. 하지만 한 편의 연극만으로 자신감 결여를 모두 이겨 낼 수는 없었다. 나는 나의 콤플렉스인 자신감 결여를 극복하기 위해 연극 동아리뿐 아니라 다양한 방법으로 부단히 노력했다. 수업 시간에 조별 발표가 있으면 가장 먼저 손을 들어 조원들이 가장 기피하는 발표를 도맡았다. 처음 교수님으로부터 강연을 부탁받았을 때도 부담스러웠지만 내가 넘어서야 할 고개이기에 어려운 결단을 내려 수락하고 그날을 위해 연습하고 또 연습했다. 처음으로 학생들 앞에서 강연을 하던 날, 나는 두 번째로 콤플렉스를 KO시킬 수 있었다.

그렇게 2년이라는 시간이 흘렀다. 그 사이에 나는 놀랍도록 바뀌어 있었다. 뒷짐을 지던 손은 어느새 두 손으로 마이크를 들더니 결국 한 손으로 드는 기적의 순간이 찾아왔다. 나는 콤플렉스라는 것이 나이가 들면 자연스럽게 사라지는 연기 같은 녀석인 줄로만 착각하고 있었다. 콤플렉스를 너무 얕잡아 본 것이다. 어느 순간 콤플렉스가 연기가 아닌 실재라고 인식하기 시작하면서부터 조금씩 콤플렉스를 극복해 가기 시작했다. 보이지 않는 터널 속을 헤매지 않고, 콤플렉스를 링 위에 불러 세워 수차례의 난타전을 거듭했다. 나의 질긴 노력 탓인지 콤플렉스는 결국 두 손 두 발을 들고 항복하기에 이르렀고, 나는 콤플렉스를 이긴 챔피언 벨트를 들어 올릴 수 있었다.

콤플렉스 극복은 선택의 문제이자 인내심의 문제이다. 내가 연극 동아리에 가입하지 않았거나, 발표를 계속 기피했다면 아마도 나의 콤플렉스는 나이가 먹어서도 고쳐지지 않았을 것이다. 또한 잠시 내 콤플렉스를 극복했다고 우쭐하며 멈춰 버렸다면 콤플렉스는 또다시 전열을 가다듬고 방심한 틈을 타 내 뒤를 쳤을 것이다.

정호승 시인의 《내 인생에 힘이 되어 준 한마디》에 이런 이야기가 나온다. 산에서 조난당한 사람들은 고작 마을과 30분 거리에서 죽는 경우가 많다고 한다. 마을과 고작 30분 거리인 것을 모르고 지레 포기하여 삶을 버리고 만 것이다. 그래서 산악인들은 "조난을 당해서 버티다가 마지막이라 느꼈을 때 30분만 더 버텨라."라고 말한다고 한다. 자신의 콤플렉스를 극복하는 과정에 있는 사람이라면 이 말을 상기해야 할 것이다.

만약 콤플렉스를 이겨 내려는 도전을 시도했다면 다음으로는 끝까지 이겨 내려는 의지와 인내심을 가지고 싸움을 이어 가야 한다. 우리는 지금 콤플렉스를 극복하기 30분 전이다.

군대, 터닝 포인트의 순간은 바로 지금이다

끌려가듯 입대한 군대에서 국방부장관상을 받다.

.

대한민국 건아라면 피할 수 없는 것이 바로 군대이다. 70만 명이 넘는 대한의 건아들은 누군가의 아들이자 오빠, 동생, 남자 친구이다. 누군가에게 가장 소중한 존재인 대한민국의 남자들은 군대에 가야만 한다. 연극 동아리에 매진하여 2년 동안 대학 생활을 하고 있던 나도 군대라는 과제와 맞닥뜨렸다.

대학에 입학하면 군대 전역을 하고 복학한 복학생들과의 대면식을 갖게 되는데 그때 꼭 나오는 이야기가 바로 "군대 언제 갈 거냐?"이다. 신입생 때 가장 듣기 싫었던 말은 한 단계 업그레이드된 "군대나 가!"라는 말이었다. 어차피 갈 건데 왜 그렇게 재촉하는지 선배들이 참 야속했다. 한편으로는 얼마나 좋은 곳이길래 자꾸 군대를 보내려는지 궁금해졌다. 하지만 아이러니하게도 선배에게 군대에 대해 물어보면 하나같이 "시간 때우다 왔어."라는 답변뿐이었다. 그들의 재촉은 군대 가서 시간 낭비하라는 이야기로밖에 해석되지 않았다. 내 소중한 청춘의 2년이라는 시간을 의미 없이 허비하고 싶지 않았다. 하지만 대한민국 남자라면 군대는 의무이기에 가지 않을 수도 없는 노릇이었다. 홀로 나를 키워 오신 어머니를 혼자 두고 떠나가기가 마음이 아팠지만 군에 입대하여 어머니를 지켜 줄 수 있는 강인한 남자로 돌아와야겠다는 생각에 마음을 단단히 먹었다.

나는 나름 자율성이 보장되는 곳으로 입대하자는 결론을 내렸다. 그러면 조금 더 내 자신을 계발하고 올 수 있다는 생각에서이다. 한편으로는 까불거리는 후배에게 "군대 가면 많이 맞는다!"라고 겁을 준 선배의 말이 두려워서이기도 했다. 그래서 지원한 것이 미8군에 증강된 한국군 육군 카투사였다. 주말에도 외출이 가능하고, 휴대폰 지참은 물론 미군과의 군 생활로 영어 실력까지 늘릴 수 있다는 이야기에 토익 점수를 맞추어 지원했지만 결과는 참혹했다. 당시 선배들과 만나 암담한 내 군 생활을 예상하며 눈물을 훔치기도 했다.

그리고 다음으로 지원한 것이 복지병이었다. 복지병은 관광학과를 재학 중인 학생이 지원할 수 있는 특기병으로 전국 육군 소속의 호텔, 콘도, 복지기관에 배치되어 프론트, 웨이터 등의 임무를 수행하는 보직이었다. 전공도 살리고 서비스 정신도 배울 수 있어 이만

꾸준한 독서와 일기를 통해 병영문학상 수상이라는 영예를 얻었다.

한 보직이 없었다. 하지만 이 또한 면접까지 갔으나 탈락의 고배를 마셔야 했다.

결국 나는 자의적이든 타의적이든 육군으로 입대하게 되었다. 무사히 육군훈련소에서 훈련을 마친 나는 자대 배치를 받았는데, 훈련소에서 포병만은 되지 말자던 동기와의 소망이 무색하게 포병여단으로 배치받았다. 군대에서는 내가 원하는 대로 되는 일이 없다는 것을 뼈저리게 느낀 순간이었다. 그나마도 포병여단에서 관측대대로 간 것이 위안거리였다.

처음 생활관에 들어간 나는 멀뚱멀뚱 눈치만 보는 어리바리한 신병이었다. 신병으로서의 첫 자대 인상은 선배들이 말한 것처럼 앞이 보이지 않는 암담함 그 자체였다. 선임들로 보이는 무리가 하나같이 애벌레처럼 TV 앞에 누워 있는 모습을 보며 나의 2년 뒤 미래가 그려졌다. 그때 나는 마음먹었다. 제대 뒤 후배들에게 2년간 부패가 아닌 발효된 사람이 되어 돌아왔노라고 자랑스럽게 이야기하는 선배가 되자고. 그것이 군 생활을 하며 생긴 첫 목표였다.

군 생활을 시작하며 낯선 환경 속에서 내 눈을 사로잡는 것이 하나 있었다. 생활관 한켠에 가득 쌓인 책들이 바로 그 주인공이었다. 최신 베스트셀러부터 고전까지 저 책들만 있으면 군 생활을 의미 있게 보낼 수 있을 것 같은 예감이 들었다. 나는 일과 후에 개인 정비 시간을 활용하여 책을 읽기 시작했다. 그리고 한 권 한 권 읽은 책들을 정리하니 어느덧 독서노트가 생겼고, 사회에서는 결코 쓰지 않았던 일기를 쓰는 장족의 발전을 이루었다. 나를 바꿀 수 있다는 강한 자신감이 생긴 시간이었다.

하루하루 장족의 발전을 거듭하던 어느 날, 매일 군인들에게 보급되는 〈국방일보〉를 한 장 한 장 넘기다가 내 눈을 번쩍이게 만든 광고를 보게 되었다. 그것은 바로 '제7회 병영문학상' 공모 광고였다. 군 생활을 한 지 7개월이 갓 지난 일병에게 그 광고는 기회 그 자체였다. 군대에서 읽고, 쓰고, 운동하는 것을 반복하던 때에 그것은 하늘이 주신 선물 같았다. 나는 지금까지 해 온 것들을 총동원하여 수필 부문에 지원하기로 했다.

사실 밑져야 본전이라는 심정으로 지원했다는 것이 맞을 것이다. 비록 지금 떨어져도 내년을 기약할 수 있었고, 아직은 부족하지만 시험 삼아 내 수준을 평가할 수 있는 절호의 기회였다. 결국 한 편의 수필을 완성한 나는 아무에게도 알리지 않고 공모에 지원했다.

한 달여가 지났을까? 행정반에서 '일병 문현우'를 호출했다. '혼날 게 없는데 왜 나를 부르지?' 의아해하며 행정반으로 달려갔다. 항상 무서웠던 당직 사관은 놀란 표정으로 〈국방일보〉를 가리키며 "이거 혹시 너 아니냐?"라고 물었다. 가리키는 곳을 보니 병영문학상 최종 당선자라는 제목 아래에 정확히 내 이름 석자가 적혀 있었다. 동명이인이 아닐까 싶어 다시 자세히 살펴보니 부대 명까지 정확하게 적혀 있었다. 밑져야 본전이라는 생각으로 지원한 병영문학상에 최종 당선이 된 것이다.

그로 인해 나는 국방부에 초청되어 국방부장관상을 받는 영예를 얻게 되었다. 포상휴가는 물론이거니와 당시 월급이 10만 원도 채 되지 않는 일병에게 100만 원이라는 상금까지 주어졌다. 기적의 순간이 일어난 후로 나는 군에서 무던히 발효되는 시간을 보냈다. 국가공인자격 취득은 물론 태권도 단증, 책 100권 독파, 〈국방일보〉 칼럼 기재 등 나는 남들이 시간을 때우다 온다는 군대에서 나만의 터닝 포인트를 만들었고 부패가 아닌 발효의 시간을 보냈다.

어떤 상황에서든 터닝 포인트는 본인이 만드는 것이다. "나에게는 터닝 포인트가 없었어."라고 말하는 사람이 있다면 터닝 포인트를 만들 기회부터 만들라고 권하고 싶다. 무전여행이 되었든, 해외봉사가 되었든, 군대가 되었든 자신이 처한 상황에서 기회를 만들고 행동으로 옮겨 자신의 터닝 포인트를 만들어 보는 것이 어떨까? 여기서 가장 중요한 전제는 바로 행동이다. 만일 내가 군에서 진중문고 책들을 외면했더라면 나는 읽지도, 쓰지도 않았을 것이다. 터닝 포인트의 순간은 항상 우리 가까이에 있다.

돈이 부족하다면
정보의 더듬이를 세워라

학자금 대출의 빚, 장학금 1,400만 원으로 갚다.

 나는 매 학기마다 '이번 학기의 학비는 어떻게 마련하지?' 하고 고민했다. 현실적으로 지방에서 상경한 자취생이라면 학비에 방세까지 더해져 학생의 어깨는 무거울 대로 무거워질 테고, 의지할 부모님의 상황마저 어렵다면 학생은 자연스레 아르바이트를 한다거나 국가장학금과 같은 장학금에 의존할 수밖에 없게 된다. 취업 후 상환이라는 좋은 취지의 정책이 나왔다지만 어찌됐든 취업 후에 갚아야 하는 것이니, 이 또한 대학생에게는 쌓여만 가는 빚일 뿐이다.

 대학 1~2학년 시기를 연극 동아리에 빠져 있으면서 나도 똑같은 고민을 하기 시작했다. 아르바이트를 하면 돈을 벌어 학비에 보탤 수 있었지만 방과 후에 매일같이 연극 연습을 해야 했기에 아르

내 주변에서 도움을 받을 수 있는 정보를 부지런히 수집하면서
다양한 기회를 얻고 새로운 경험도 많이 했다.

바이트를 할 시간이 없었다. 또한 학업에도 소홀하여 학점은 선두권 투수의 방어율을 굳건히 지키고 있었다. 학사경고의 위기도 여러 차례 넘겼다. 그러다 여느 남학생들처럼 군대에 입대했고, 군 생활을 하며 학비에 대한 고민을 잠시 멈추었다.

그러나 그것도 잠시, 제대를 하고 복학 준비와 동시에 학자금 마련이라는 난관에 부딪혔다. 그러다 문득 장학금이라는 것이 뇌리를 스쳤다. 애시 당초 나는 장학금이라는 것을 완전히 배제하고 있었다. 우선 가장 큰 이유는 내가 실업계 출신이라는 것이었다. 내가 아무리 열심히 해 봤자 인문계 출신 동기들의 야간자율학습과 매일같이 쌓아 온 공부의 양을 따라갈 수 없다고 생각했다. 나만의 선입견을 가지고 틀을 만들어 버린 시기였다. 하지만 군대에서의 터닝 포인트가 제대를 한 후에도 큰 힘을 발휘했다. 기회는 내가 만드는 것이었기에 나는 장학금에 도전하기로 마음먹었다.

흔히 남자는 군 복무 후 복학과 동시에 최고의 점수를 받는다고 하는데, 나도 그런 복학생이 되고 싶었다. 그래서 복학생 선배들을 찾아다니며 그들의 필살 장학금 노하우를 전수받기 시작했다. 방법은 생각보다 단순했다. 앞자리에 앉으라는 것이 그들의 노하우라면 노하우였다. 앞자리에 앉으면 교수님과 아이 컨택을 안 할래야 안 할 수 없을 뿐더러, 딴 짓을 할 수 없으니 집중도를 높일 수 있다는 것이었다. 교수님과 거리가 멀어지면 멀어질수록 자연스레 집중도는 떨어지고 졸리면 자연스레 고개를 숙이고 잠을 청할 수 있다는 논리가 고개를 끄덕거리게 만들었다. 앞자리만 잘 선점한다면 장학금에 한 걸음 더 다가갈 수 있다는 쉬운 공식이었다.

다음으로는 교수님께서 레포트를 내 주시면 '1+@ 전략'을 사용하는 것이다. 이는 하나를 주면 둘을 해 올 줄 아는 자세인데, 하나를 가르쳐 주면 열을 안다고 대견스러워하는 스승님들의 이야기 속에서 답을 찾았다. 예를 들어, 교수님께서 A라는 기업에 대해 조사해 오라고 과제를 내 주셨다면, 직접 A기업의 임직원을 만나 살아 있는 정보를 얻어 와 문서로 정리하는 것은 물론, 담당자와의 인터뷰 영상을 준비해 교수님, 함께 수업을 듣는 학우들과 공유하는 것이다. 레포트는 깔끔하게 바인더로 정리하고, 앞장과 뒷장은 코팅을 하며 무조건 컬러로 출력한다. 옛말에 '먹기 좋은 떡이 맛도 좋다.'라는 말이 있듯이 보는 사람에게 이 부분은 무시할 수 없는 기본 중의 기본이다.

결석과 지각은 금물이다. 만약 부득이한 사정으로 불참하게 될 경우 빠지는 전 주부터 교수님께 양해를 구하고 빠지는 당일에 다시 한 번 연락을 드려 재차 양해를 구한다. 그리고 다음 수업 때 출석해서 지난번에 빠진 내용에 대한 협조전을 전달드려 수업에 불참한 부분에 대해 재차 자세히 설명드린다. 만일 말 한마디 없이 수업에 빠진다거나 '한 번 말하면 됐지.'와 같은 생각으로 접근한다면 교수님이 까먹으면 그만이게 돼 버린다. 더블체크가 필요한 것은 이 때문이다.

그 다음으로 중요한 것은 바로 시험 성적이다. 예습과 복습을 하라는 말은 하지 않겠다. 가장 중요한 것은 수업 시간의 순간 집중도이다. 나는 주로 노트북을 활용했는데, 워드를 실행해 놓고 교수님의 말씀을 놓치지 않고 타이핑했다. 그러면 시험 전날에 내가 정리해 놓은 파일을 열어 그중에서도 교수님께서 중요하다고 말한 부분을 뽑아서 시험 예상 출제지를 만들어 낸다.

이외에도 부가적으로 반장을 맡는다든지, 조별 과제 때 팀장과 발표를 맡는다든지, 학기 초반에 본인만의 명찰을 만들어 가슴에 붙여 놓아 교수님께서 이름을 외우기 쉽게 만든다든지 등 다양하게 학생의 열정을 뽐낼 수 있는 방법을 찾아 실천한다.

이렇게 해서 나는 3학년 1학기 복학과 동시에 4학년 마지막 2학기까지 총 1,400만 원이 넘는 장학금을 받을 수 있었다. 한마디로 내 돈 한 푼 들이지 않고 4학기를 무료로 다닌 것이다.

성적 장학금뿐 아니라 집안 형편이 좋지 않은 데다 성적도 좋지 않다면 외부장학금의 기회를 찾아 보라. 학과 사무실을 기웃거려 외부장학금의 정보를 얻거나 학교 공지사항에 올라오는 공지를 내 것으로 만들어 보기 바란다. 남들과 다른 차이가 바로 여기서 나타난다. 바로 정보의 더듬이를 성장시키고자 하는 욕심이다. 성장의 욕심이 생겼다면 기업체나 지자체에서 지원해 주는 장학금이 많다는 사실도 깨닫게 되고, 학교 공지사항을 보는 학생들이 생각보다 많지 않다는 것을 확인할 수 있을 것이다. "쟤는 운이 참 좋아."라는 말은 곧 "쟤는 참 정보의 더듬이가 발달됐어."라는 말과 같다.

　나는 노스페이스에서 주최하는 '네버 스톱 드리밍'이라는 장학금으로 100만 원을 받은 적이 있는데, 이때 나의 역경 극복기를 있는 그대로 어필했다. 이는 시급 100만 원 알바로 기네스북에 등재된 알바인 '청춘아 장학금 프로그램'에서도 똑같이 적용했다.

　장학금에 대해 간절하다면 정보의 더듬이를 바짝 치켜세우기 바란다. 개미는 절벽 앞에 서 있으면 더듬이를 통해 지형지물을 파악한다. 인간에게도 보이지 않는 정보의 더듬이가 있다. 바로 검색 능력이다. 우리가 절벽 앞에 서 있다면 우리는 검색을 통해 우회하는 방법이나, 패러글라이딩을 운전하여 절벽에서 떨어져도 살아날 수 있는 방법 등을 알아볼 수 있고 배울 수 있다.

　또 한 가지 방법으로는 캠퍼스나 주변을 지나다니며 보이는 수많은 포스터이다. 분명 좋은 정보가 많지만 대다수가 단순히 광고물로 생각하고 쉽게 지나친다. 나는 정보의 더듬이를 활용하여 가던 길을 멈추고 휴대폰으로 사진을 찍는 등의 방법을 활용했다.

　마지막으로, 매일 저녁 대학생 커뮤니티에 올라온 유익한 정보들을 일일이 체크하며 일과를 마무리했다. 당신도 지금 무언가에 절실하다면 정보의 더듬이를 바짝 키우는 연습부터 하기 바란다.

06
여행을 통해
나를 알고 길을 보았다

해외여행, 전액 무료로 27회에 걸쳐 세계를 누비다.

나에게는 두 가지의 열등감이 있었다. 바로 학자금 대출의 빚과 해외여행을 갈 수 없는 형편이었다. 학비도 학자금 대출로 충당하고 있는 마당에 해외에 간다며 손을 벌리는 것은 말도 안 되는 이야기였다. 물론 손을 벌릴 만한 곳도 없었다. 세상에서 가장 부러운 자랑은 누군가의 여행 이야기였다. 군대에서도, 복학을 해서도 내 주위 사람들은 교환학생이니 배낭여행이니 떠난다는 얘기뿐이었다. 몇 백만 원에서 몇 천만 원까지 들어가는 비용을 내고 떠나는 그들이 몹시 부러웠다. 하지만 당장 내가 할 수 있는 것이 아무것도 없었기에 한귀로 듣고 한귀로 흘려보내기 일쑤였다. 그저 부러움을 감수하는 것이 내가 할 수 있는 전부였다.

나는 제대와 동시에 학비를 벌어 볼 심산으로 인턴으로 사회에

뛰어들었다. 대학생 때 해외로 나가는 것은 포기한 지 오래였고, 학비만이라도 어떻게 메울 수 있다면 좋겠다고 생각했다. 그러다 문득 오랜만에 만난 선배가 해외봉사를 다녀왔다는 이야기를 해 주었다. 다른 때 같았으면 한귀로 흘렸겠지만 해외봉사라는 것에 큰 매력을 느껴 비용이 어느 정도 들었느냐고 물어보았다. 그녀는 자랑스럽게 무료로 다녀왔다고 대답했다.

'이런, 맙소사. 해외로 떠나는데 돈 한 푼 들이지 않는다고?'

나에게 있어 그녀의 이야기는 신세계였다. 이야기를 듣자마자 방법을 꼬치꼬치 캐물었다. 그녀는 스펙업, 대학내일 등과 같은 대학생 커뮤니티를 알려 주며, 좋은 취지로 기업체와 지자체에서 보내 주는 해외탐방 프로그램에 지원해 보라고 조언해 주었다. 인턴 생활을 하면서도 몇 날 며칠을 내 돈 들이지 않고 떠날 수 있는 해외 탐방만 생각했다. 그때부터 퇴근 후에 해외탐방 프로그램을 검색하는 것이 일상이 되었다.

하지만 결과는 내가 생각했던 대로 쉽게 이루어지지 않았다. 하긴 내가 이렇게 사막의 오아시스처럼 생각했다면 누군들 그리 생각하지 않았을까? 수많은 대학생이 나와 같은 생각으로 벌떼처럼 지원했을 것이고 몇 자리를 두고 수십 대 일 아니 수백 대 일의 경쟁이 붙었을 것이 뻔했다. 그렇게 나는 내리 14번이나 떨어진 패잔병으로 전락하고 말았다. 고개를 들지 못하고 내가 갈 길이 아니라며 자기합리화만 거듭했다.

다양한 해외탐방 프로그램 덕분에 세계 곳곳을 다니며 많은 친구를 만날 수 있었다.

불행 중 다행으로 14번 떨어지는 과정 중 유일하게 서류가 붙어 면접을 보러 갈 수 있는 기회가 생겼다. 여성가족부에서 주최하는 '청소년 국제교류 프로그램'으로 체코에 갈 수 있는 기회였다. 하지만 나는 어렵게 붙어 찾아간 면접장에서 지나치게 버벅거렸고, 결국 내가 누군지 제대로 알리지도 못한 채 발걸음을 집으로 돌려야만 했다. 내가 가장 한심스럽게 느껴진 순간이었다. 체코에 갈 수 있는 기회가 눈앞에 있었는데, 제대로 준비조차 하지 않고, 운만 믿었던 것이다. 이 기회를 마치 로또처럼 생각한 내 잘못이 컸다. 이 얼마나 한심한 상황인가.

집으로 돌아와서 나는 다시금 나를 돌아보기 시작했다. 대외 활동으로 인해 제2의 질풍노도 시기가 찾아온 것이다. 지금까지 썼던 자기소개서를 다시 찾아보았다. 나의 문제점은 명확했다. 내가 누구인지 나조차 모르는 것이었다. 누구나 할 수 있는 흔한 자기소개에 '열심히 하겠다. 열정적인 사람입니다.'와 같은 추상적인 이야기들로 가득했다. '좋은 기회를 잡고 싶다.'라는 뻔한 이야기를 지원동기라고 끄적여 놓았던 것이다.

대외 활동은 로또가 아니다. 'ctrl+c, ctrl+v' 해서 요행처럼 '하나라도 걸려라.' 하는 마음으로 지원할 것이 아니었다. 내가 그렇게 생각하고 지원한다면 면접관들도 진정성 없는 나의 이야기를 똑같이 느낄 것이 분명하다. 글은 마음의 거울이다. 이 문제의 해결책은 바로 나를 아는 것에서부터 찾을 수 있었다. 나는 큰 도화지를 꺼내

들고 내가 누구인지 돌아보는 낙서를 하기 시작했다.

그러다 보니 인생 그래프가 정리되기 시작했고, 순간순간 나를 소개할 수 있는 키워드가 발견되었다. 그러고는 '어머니', '밝고 긍정적인 성격(나는 '밝긍영혼'이라고 사자성어로 축약하여 내 신조로 소개하였다.)', '사람'이라는 3가지 키워드로 나를 소개하기 시작했다. 그동안 나도 몰랐던 나를 키워드로 정리하며 일취월장한 자기 브랜드의 첫 단추를 꿴 것이다.

어느 정도 나에 대한 연구를 진행하던 중에 '기아 글로벌 워크캠프'라는 해외탐방 프로그램을 접하게 되었다. 이제는 지난 실패를 반복하지 않으리라 다짐했다. 나는 나의 3가지 키워드를 활용하여 자기소개서를 작성했다.

키워드가 정리되고 나니 문항들이 전혀 어렵지 않게 느껴졌다. 분명 아직까지 어색하기 그지없는 자기소개서였지만 진정성을 녹여 내기에는 충분했다. 《대통령의 글쓰기》의 강원국 저자는 "주변 사람에게 글을 보여 주어라. 글은 여러 사람에게 내돌릴수록 좋아진다."라고 말했다.

그래서 주위 사람들에게 내 자기소개서를 보여 주며 나의 진심을 알겠느냐고 물어보았다. 그들은 모두 내 진심을 충분히 느낄 수는 있었지만 더 수정과 보완이 필요한 부분이 있다며 아낌없이 피드백을 해 주었다. 내 자기소개서의 강점은 바로 나를 소개할 수 있는 키워드의 정리와 타인이 생각하는 나에 대한 생각이었다. 그렇게 진정성이 들어간 자기소개서의 결과는 최종 합격으로까지 이어졌다. 나를 알고 나니, 내 길이 보이기 시작했다.

이때를 시작으로 나는 아리랑 세계일주를 포함하여 총 27회에 걸쳐 전액 무료로 해외탐방을 다녀올 수 있었다. 나의 대표적인 열등감이었던 학자금 대출의 빚과 해외를 나갈 수 없는 형편은 어느덧 나의 자랑거리가 되었다. 당신이 가진 결핍은 과연 무엇인가? 결핍을 아는 것에서 자신을 찾아 떠나는 여행이 시작된다.

07

대외 활동을 통해
발품정신의 열정을 보여 주다

600대 1의 경쟁, 카페베네와 인연을 맺다.

자주 가는 카페베네에서 커피 한 잔을 주문하려는데 낯익은 포스터가 눈에 띄었다. 유심히 보니 영화배우 김수로 씨와 함께 인도네시아로 떠날 해외청년봉사단을 모집한다는 내용이었다. 지난 2기 때의 낙방이 떠오르며, '오기'라는 두 글자가 뇌리를 스쳤다. 다양한 대외 활동을 지원해 봤지만 이번 3기는 영화배우와 함께라니! 생각만 해도 영화 속에 들어가는 기분이었다.

이미 2기 때 쓰디쓴 고배를 마시고 재수를 한 상황이었다. 이 부분이 어필이 될지 감점이 될지는 담당자만 알고 있었다. 혹여 담당자가 내가 첫 지원인지 재수인지를 아는지도 알 수 없었다. 괜히 알려서 또 감점을 받는 것은 아닌지 고민스러웠다. 나는 결정을 해야만 했다.

'그래, 지난 2기 때와는 달라진 나를 알리자.'

첫 실패를 극복하고 끝까지 포기하지 않는 오기 있는 모습을 보여 주고 싶었다. 그래서 나는 '재수'임을 솔직하게 적고 자기소개서에 달라진 나를 소개했다.

"훌륭한 생각은 누구나 할 수 있다. 하지만 실행은 누구나 할 수 없다."

세상에서 가장 완벽한 여자를 찾는 남자가 있었습니다. 곧 왕의 자리에 오를 그는 이 세상에서 부러울 것이 없을 만큼 모든 것을 누리며 살고 있었습니다. 결국 그는 자신의 이상형에 가까운 여자를 찾았습니다. 그녀에게 프러포즈를 하자 그녀는 말했습니다.

"죄송합니다. 실은 저도 세상에서 가장 완벽한 남자를 찾고 있는 중입니다."

2기 때의 낙방을 통해 저는 카페베네 해외청년봉사단이라는 꿈을 이루기 위해서는 꿈에 어울리는 사람이 되어야겠다고 생각했고 행동하였습니다. 결국 1차에 합격하여 면접이라는 영광을 얻었습니다. (중략)

눈앞에 보이는 욕심과 급급함에 진정성이 부족했던 지난 2기 때와는 확연히 달라진 문현우. 발전할 수 있는 지난날을 주신 관계자분들께 진심으로 감사드리며 제 프러포즈가 아름다운 해피엔딩이 되길 진심으로 바랍니다.

지난 2기 때의 부족함에 대해 진솔하게 작성하였고, 현재는 많이 달라졌다는 점을 어필하여 최종 제출했다. 결과는 다행스럽게도 합격이었다. 2기 때와 달라진 모습 없이 그대로의 나를 어필했거나 2번째 도전임을 알리지 않고 자기소개서를 작성했다면 뻔하디 뻔한 스토리에 불과했을 것이다. 하지만 지난날을 극복한 나의 스토리(His story)로 나는 히스토리(History), 즉 발전된 역사를 만들었고 이것이 좋은 결과를 이끌었다.

하지만 여기에는 한 가지 비밀이 숨어 있었다. 개인 사진과 활동 사진을 올려야 하는 미션이 있었는데 개인 사진은 깔끔한 증명사진을 그리고 활동 사진에는 눈에 보이는 열정을 담아내기로 했다. 누구나 열정 있는 사람이라고 말하지만 나는 말뿐 아닌 눈에 보이는 열정, 즉 '발품정신'으로 내 열정을 보여 주려고 움직였다. 이번 활동 사진에는 바로 그런 열정의 발품을 소개하고 싶었다.

우선 티셔츠를 하나 마련했다. 나는 이 티셔츠를 들고 '발품'으로 열정을 뿜내고자 했다. 티셔츠로 어떻게 발품을 팔며 열정을 뿜낸다는 말인가? 티셔츠를 팔기라도 했을까? 나는 티셔츠를 들고 주위 카페베네를 돌며 아르바이트생과 직원분들에게 응원 메시지를 티셔츠에 적는 방법을 쓰기로 했다. 한 곳, 두 곳, 세 곳…… 20여 점포까지 돌고 또 돌았다. 그리고 직원들을 붙잡고 설명을 드리며 응원 메시지를 받기 시작했다. 티셔츠는 어느새 응원 메시지로 가득 채워졌다. '닥치고 합격', '합격하고 나서 커피 한잔해요!' 등 방문

카페베네 해외청년봉사단 3기 합격의 영예를 안겨 준 미션의 현장!

한 카페베네 매장의 임직원분들은 쓴소리 한마디 없이 한 청년의 눈에 보이는 열정 하나만 보고 적극 응원해 주었다. 세상에서 가장 비싼 티셔츠를 선물 받은 기분이었다.

활동 사진에 올라온 발품의 티셔츠가 통했던 것일까. 드디어 마지막 관문인 면접에 올라갔다. 티셔츠의 진가는 바로 면접에서 나타났다. 면접 대기 장소에 도착한 나는 혼자가 잘되는 것보다 팀이 잘되는 것이 가장 중요하다고 생각했기 때문에, 경찰대학 출신으로 경찰 정복을 입고 온 팀원 형님과 함께 개그콘서트의 비상대책위원회로 팀을 소개하자고 입을 맞추었다. 우리의 면접 차례가 돌아왔고, 우리는 멋지게 비상대책위원회로 팀을 소개했다. 그러고는 점심 시간이 막 끝나 포만감에 졸음이 오는 면접관들의 피로를 풀어 주기 위해 마사지를 해 드렸다.

헐레벌떡 자리에 앉기 무섭게 내가 입고 있는 티셔츠에 모든 면접관들의 이목이 쏠렸다. 옆에 있는 팀원들에게 미안할 만큼 나에게 질문 공세가 퍼부어졌다. "티셔츠를 만든 계기가 어떻게 되는가?", "매장을 돌면서 카페베네에게 제안하고 싶었던 것이 있는가?", "티셔츠에 어떤 내용들이 써 있는가?"

면접관들이 관심을 안 가질래야 안 가질 수 없는 티셔츠였기 때문에 나는 면접장의 '뜨거운 감자'가 되었다. 나는 성심성의껏 그들의 질문에 답했다.

"강남점에 갔더니 알바생 혼자서 많은 손님을 대상으로 일을 하는 모습이 안타까웠습니다. 더욱 맛있는 커피를 제공할 수 있게 말씀드린 매장에 인력 충원과 근무 처우 개선을 부탁드립니다."

실제 카페베네 현장에 있는 직원들이 하지 못하는 가려운 부분을 마치 임직원처럼 긁어 드렸다. 그랬더니 일반적인 대외 활동 면접장과는 다른 분위기가 형성되었다. 카페베네 담당자 입장에서는 내가 얼마나 기특해 보였을지 연상이 되지 않는가? 담당자도 신경 쓰지 못하는 숨은 구석까지 콕 집어 가려운 부분을 긁어 주는 모습이 얼마나 대견스러웠을까?

면접을 마치고 나오는 기분이 무척이나 만족스럽고 홀가분했다. 겨울날 발품을 팔아 가며 카페베네를 돌면서 오들오들 떨었던 내 모습이 떠올랐다. 힘들었던 기억이지만 그때의 발품정신이 떠오르자 떨어져도 후회가 없을 정도로 스스로 큰 감동을 받았다.

며칠 뒤 나는 최종 합격 통지를 받았다. 나와 함께했던 팀원 4명 중 3명이 붙었다. 놀라운 것은 이번 경쟁률이 무려 600대 1이나 되었다는 것이다. 나는 경쟁률에 대한 고민보다는 나에 대한 고민을 많이 했다. 다른 사람과 똑같은 지원서를 냈다면 합격하지 못했을 것이다. 하지만 발품을 팔아 눈에 보이는 열정을 선보였고, 지난 2기 때의 낙오를 말하며 이를 극복한 나의 도전기를 솔직담백하게 어필했기에 600대 1의 경쟁률을 넘어설 수 있었다.

이쯤 되면 궁금해질 것이다. 600대 1의 주인공들은 과연 어떤 사람들일까? 놀라운 것은 합격자들의 스토리를 들어보면 왜 뽑혔는지 절로 고개를 끄덕이게 된다는 것이다. 포트폴리오를 만들어 카페베네 사무실까지 찾아가 진심을 담아 전달한 사람, 카페베네 임직원들의 봉사활동 일정을 어떻게 알고는 미리 찾아가 "해외봉사를 가기 전에 미리 국내에서 봉사를 체험해 보고 싶습니다!"라며 임직원들과 함께 봉사를 한 사람……. 눈에 보이는 열정, 발품정신을 몸소 실천한 이들이 당연히 좋은 결과를 냈다.

열정은 누구나 쉽게 말로 보여 줄 수 있지만 행동으로 실천하는 것은 정말 어렵다. 간절하다면 발품은 기본 소양으로 키워야 한다. 당신도 눈에 보이는 열정의 발품정신을 통해 꼭 좋은 결과를 내기 바란다.

3장

꿈을 갖고
세상으로 나아가다

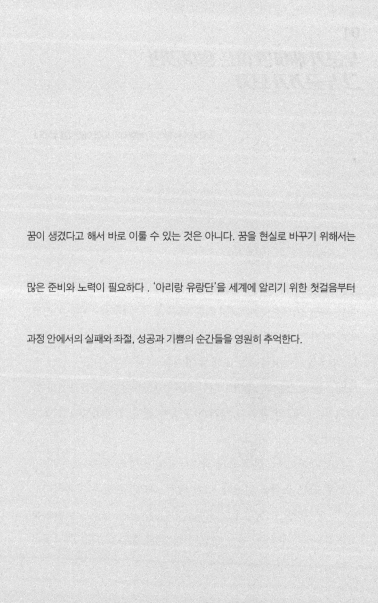

꿈이 생겼다고 해서 바로 이룰 수 있는 것은 아니다. 꿈을 현실로 바꾸기 위해서는

많은 준비와 노력이 필요하다 . '아리랑 유랑단'을 세계에 알리기 위한 첫걸음부터

과정 안에서의 실패와 좌절, 성공과 기쁨의 순간들을 영원히 추억한다.

01
누군가 해야만 하는 일이라면
그 누군가가 되자

옹알이에서 벙어리, 메아리가 되어 아리랑을 알리다.

초등학교 3학년 때, 나는 말레이시아로 조기유학을 떠났다. 한국어를 배운 지 10년밖에 되지 않은 어린 꼬마가 태어나 처음으로 해외를 나가는 것도 두려운 일인데, 미국, 일본, 중국처럼 익숙한 나라도 아닌 말레이시아라는 곳에서 영어를 배워야 한다니……. 그 스트레스는 고스란히 고국에 대한 향수병으로 번졌다. 알파벳도 몰랐던 나는 제2의 옹알이 시기를 보내야 했다. 하루하루가 고통의 연속이었다.

그러던 어느 날, 한국 축구 국가대표팀이 말레이시아로 원정 경기를 온다는 소식을 접했다. 경기 당일, 재외동포들은 약속이라도 한 듯 경기장으로 삼삼오오 모여들었다. 하지만 지금은 보편화된 '대~한민국!' 구호나 '필승 코리아'와 같은 응원가가 없던 시절이

아리랑 유랑단은 아리랑을 세계에 알리는 데
미약하나마 힘이 되고 싶었다.

라 선수 이름을 연호하는 정도의 응원만 이어졌다.

어느 순간 누가 먼저랄 것도 없이 자연스럽게 '아리랑'을 부르기 시작했다. 재외동포들은 하나가 되어 대한민국의 승리를 기원했다. 나는 아직도 그때의 감동을 잊지 못한다. 재외동포와 하나 되어 부르던 '아리랑'은 말레이시아 생활에 큰 힘이 되어 주었고, 나는 3년간의 조기유학 생활을 무사히 마치고 2000년에 한국으로 돌아왔다.

하지만 한국에 돌아와서 나는 큰 슬픔과 마주해야 했다. 아버지의 사업 실패와 부모님의 이혼으로 나는 어머니와 함께 쫓겨나듯 고시원 방을 전전했다. 그러던 어느 날 앞에서 소개했듯 옆방에서 고시 공부 중인 고시생 형의 타박으로 나는 벙어리처럼 살기 시작했다. 하루하루가 고통의 연속이었다. 하지만 어느 순간 나는 꿈을 꾸었고 그때부터 쉴 틈 없이 달리고 또 달렸다. 그 모든 과정에 '아리랑'이 있었다.

"도대체 당신이 뭔데 아리랑을 알리는 것인가요?"
"언제부터 네가 아리랑이었다고?"
"평소에 '아리랑'을 자주 듣기나 하나요?"
"국악 공연을 자주 보러 다니긴 하셨죠?"
사실 나는 국악 전공자도 아닐 뿐더러, 평소 '아리랑'을 자주 듣는 청년도, 매일같이 국악 공연을 보러 가는 청년도 아니었다. 그런데 왜 아리랑이었을까? 아리랑은 유년 시절 말레이시아에서 겪었던 제2의 옹알이 시기와 향수병으로부터 나를 구해 주었다. 그리고 고국으로 돌아와 옆방 고시생의 타박으로 벙어리가 되어야만 했던 시기에도 붉은악마의 응원가로 나를 자유롭게 만들어 주었다.

이처럼 아리랑은 인생의 고개마다 축 늘어진 나를 일으켜 세워 주었다. 나는 중국의 동북공정으로부터 아리랑을 지켜 내고 전 세계에 아리랑을 메아리치게 만들어야 할 의무감을 느꼈다.

눈치가 빠른 분들이라면 아시겠지만 앞서 설명했던 옹알이, 벙어리, 메아리는 모두 아리랑의 어원이다. 누군가 나에게 왜 아리랑을 알리느냐고 다시 묻는다면 아리랑은 나의 삶 그 자체였고, 아리랑에게 진 빚을 갚아야 하기 때문이라고 답하고 싶다. 내게는 아리랑을 지키고, 알리고 소통해야 할 의무가 있다.

02
지켜만 볼 것인가, 한걸음을 내디딜 것인가

베트남에 울려 퍼진 아리랑, 유네스코 문화유산이 되다.

중국의 동북공정으로 아리랑이 빼앗길 위기에 처해 있다는 소식은 잠자던 청년의 가슴에 불을 지폈다. 청년으로서 누군가 만들어 놓은 판이 아닌 나의 판을 펼쳐 아리랑을 지켜야 할 때가 왔다는 생각이 들었다. 때마침 BIKE REPAIR SHOP이라는 의류업체에서 '세상을 위한 리페어'라는 주제로 공모전을 주최했다. 나는 '바로 이거다!'라는 생각으로 공모전에 지원했다. 주제는 '아리랑 수호하기'였다.

나의 계획은 이러했다. 아리랑 세계일주를 떠나기 전에 해외에서 시행착오를 줄이는 사전 활동을 해 보고, 세계일주를 떠나자는 것이었다. 우리의 첫 목표는 미국 뉴욕 할렘에 위치한, 한국식 교육 방식을 도입하여 성공적이라는 평가를 받고 있는 데모크라시 프렙

각자 자기만의 스타일로 붓을 이용해 아리랑과 한글을 표현해 보았다.

차터 스쿨이었다. 하지만 목표는 대실패였다. 우리의 기대와 달리 아쉽게 1등이 아닌 2등이 된 것이다. 엎친 데 덮친 격으로 2등 상금인 300만 원에서 세금을 제하니 수중에 들어온 예산은 270여 만원이 전부였다. 결국 목표를 선회해야만 했다.

어깨를 축 늘어뜨린 채 차선책을 찾기 시작했다. 그러던 중 2012년이 한국과 베트남과의 수교 20주년이라는 신문 기사를 보게 되었다. 양국 간에 의미 있는 시기였기에 다양한 행사가 베트남에서 열렸고, 제2의 도시인 호치민에 위치한 호치민 국립대학교에서는 한국어과 학생들이 주축이 되어 한국문화 행사를 진행했다.

이것이 기회다 싶었다. 그때부터 더 고민할 겨를도 없이 베트남에 갈 예산을 짜기 시작했다. 다행스럽게도 호치민까지는 저가항공이 취항하고 있었고 특가 프로모션까지 진행 중이어서 빠듯한 예산임에도 현지 물가 대비 우리 팀(4명) 모두 일주일간 머물 수 있는 예산을 맞췄다. 그렇게 걱정하던 일들이 일사천리로 진행되었다. 나는 항공권 예매부터 숙박 그리고 현지 호치민 국립대학교와의 컨택까지 무사히 마칠 수 있었다.

그러던 어느 날, 예상치 못한 곳에서 문제가 발생했다. 이 프로그램은 처음에 나를 주축으로 서예를 전공하는 정화와 대금을 전공하는 하늘이라는 친구가 함께 기획하고 준비했다. 하지만 안타깝게도 여러 사정으로 인해 하늘이와 함께할 수 없게 되었고, 그 시기가 바로 베트남으로 출국하기 이주일 전이었다. 나는 부리나케 페이스북을 통해 국악 전공자를 찾아보았지만 역부족이었다. 그래서 선택한 것이 전국의 국악과에 전화를 하는 것이었다. 그중에 유일하게 서울대학교 국악과 이승철 조교님께서 나에게 호의를 베풀어 주셨다. 조교님이 대금 전공자인 김예지라는 친구를 추천해 주셔서 일단 만나 보았다. 선한 인상에 대금에 대한 애정이 듬뿍 느껴져 다짜고짜 베트남행을 권했다. 하지만 갑작스러운 요청에 예지는 바로 결정을 내리지 못했다. 예지는 생각해 보겠다고 했고 기약 없는 시간이 계속 흘렀다. 그리고 출국일이 가까워질수록 나는 애가 탔다. 그러던 어느 날 드디어 예지로부터 연락이 왔다.

"함께하겠습니다!"

우리는 일주일간의 일정으로 베트남 호치민으로 향했다. 베트남에서는 서예로 '아리랑'을 써 보며 아리랑과 교감하는 한글 수업과 대금 전공자인 예지의 대금 연주를 듣고 배우기 쉬운 단소로 '아리랑'을 직접 불어 보는 시간을 가졌다. 그렇게 아리랑 스쿨의 서막이 열렸다. 처음 베트남 학생들을 만났을 때만 해도 무척 막막했지만 열린 마음으로 우리를 반겨 주는 이들의 모습을 보며 우리의 마음가짐도 점점 더 단단해졌다.

비록 미숙한 첫 아리랑 스쿨이었지만 한국문화에 대해 애정 가득한 관심을 보여 주고, 어설픈 우리를 배려하고 응원해 준 학생들 덕분에 우리는 무사히 행사를 마칠 수 있었다.

©박준영

'아리랑'이라는 이 세 글자만으로 인종과 나이를 넘어 세계인들과 친구가 될 수 있었다.

＊아리랑 스쿨이란?

4대 아리랑(정선아리랑, 밀양아리랑, 진도아리랑, 본조아리랑)을 연주하고 한국문화 전공자(국악, 서예, 한국무용, 태권도 등)들이 아리랑으로 하나 되는 '아리랑 콘서트', 서예, 국악기, 4대 '아리랑'을 직접 배워 보는 문화체험 교육프로그램인 '아리랑 세미나', 판소리, 서예, 다도가 접목된 마음치료 프로그램인 '아리랑 힐링'으로 이루어진 아리랑 유랑단만의 한국문화 종합선물세트이다. (베트남에서 어설프기만 했던 아리랑 스쿨은 세계일주를 통해 더욱 다양한 한국문화 콘텐츠로 무장하였고, 2014년 한국관광공사 창조관광사업공모전에서 대상을 수상했다.) 현재는 서예그래피, 가야금테라피, 승승장구 등 친근한 한국문화를 교육하고 배울 수 있는 한국문화교육 체험센터인 아리랑 스쿨을 숙명여대 입구에서 운영하고 있다.

베트남 호치민에서의 첫 아리랑 스쿨을 통해 우리는 앞으로 세계일주를 하며 선보일 아리랑 스쿨의 다음 버전에 대한 고민의 해답을 얻었다. 우선 혼자서 대금 연주를 하는 것만으로는 '아리랑'의 아름다움을 전부 담기에 역부족이었다. 다양한 국악기를 이용해 풍부한 하모니로 '아리랑'의 아름다움을 보여 줄 필요가 있었다. 또한 연주뿐 아니라 노랫말을 들을 수 있게 판소리 전공자가 필요했다. 베트남에서의 활동은 부족한 부분을 보완하고 세계일주를 하며 생길 시행착오를 줄여 준 귀중한 시간이었다. 또 미숙했지만 베트남 학생들의 반응을 보며 아리랑 세계일주에 대한 가능성을 엿보았다.

베트남에서의 마지막 날 밤, 촬영을 담당하는 준영이 형의 한마디가 아직도 귓가에 맴돈다.

"현우야, 세계일주 문제 없다. 해 보자!"

그래! 나는 할 수 있다. 해내고 말 것이다. 아리랑을 전 세계에 알리고 말 것이다.

귀국하고 나서 2주 뒤 나는 놀라운 소식을 접했다.

'아리랑, 유네스코 무형문화유산 등재 확정!'

그로부터 며칠간 내가 이 모든 일을 이루어 낸 것처럼 많은 사람으로부터 감사와 축하의 인사를 받았다. 내가 한 일은 정말 작은 것이었지만 청년의 작은 외침으로 시작된 행동이 의미 있게 평가받고, 그렇게 하나둘씩 응원이 모아져 결국 세계일주를 준비하는 데 큰 힘을 얻었다.

이러한 보이지 않는 움직임들이 '아리랑 세계일주'를 꿈이 아닌 현실로 바꿔 주었다. 중국으로부터 아리랑을 지켜 냈다면 이제는 아리랑 유네스코 문화유산 등재를 계기로 아리랑을 전 세계에 알려야 한다는 사명감이 생겼다.

하지만 앞으로의 상황이 호락호락하지 않았다. 세계일주를 하는 데는 어마어마한 예산이 필요했고, 나의 무모한 도전에 함께할 사람도 없었다.

그러게 내가 누구던가! 실업계생이었던 내가 꿈 하나만을 바라보고 34대 1의 경쟁률을 뚫고 4년제 대학에 입학하지 않았던가. 그때부터 나는 섣불리 겁을 먹거나 뒷걸음질하지 않기로 결심했다. 그래서 '아리랑 세계일주'도 하나하나 도전하고 준비하면 이루지 못할 꿈이 아니라는 생각을 가졌다.

　꿈은 사람을 절대 버리지 않는다. 사람이 꿈을 버리는 것이다. 결국 내가 꿈을 버리지 않았기에, 꿈도 나를 버리지 않았다.

열정의 끌어당김 법칙으로
사람을 모으다

아리랑 유랑단 세계일주 단원들이 한데 뭉치다.

나는 국악 전공자도, 예술계 종사자도 아닌 평범한 대학생이었다. 그래서인지 아리랑 세계일주를 준비하면서 가장 어려웠던 점이 단원을 모집하는 것이었다. 거기에다 가장 큰 골칫거리이자 문제는 1억 원이 넘게 드는 예산이었다. 하지만 물러설 곳이 없었다. 베트남에서의 뜨거운 다짐을 배신하지 않기 위해서라도 말이다. 사실 물러설 곳이 없었다기보다는 내가 그런 상황을 만들어서 나를 던졌다고 하는 것이 정확한 설명이 될 것이다. 예산도 없이 아리랑 세계일주를 함께 떠날 단원들을 모집하는 것이야말로 무한도전보다 더 무모함을 보여 주는 대표 사례라 할 수 있었다.

이는 나만의 전략이기도 했다. 단원들이 뽑히면 더 이상 물러설 곳이 없기 때문에, 책임감을 가지고 꼭 아리랑 세계일주를 성사시

이스터 섬에서의 즐거운 한때.
생김새도, 관심사도, 살아온 환경도 다르지만 '아리랑 유랑단'으로 우리는 가족이 되었다.

켜야만 하는 상황을 만든 것이다. 나와 아리랑 세계일주를 함께한 멤버들을 만나는 과정도 남달랐다. 어린 나이임에도 충분히 고민하고 생각하여 결정을 내려 준 그들에게 여전히 나는 고마움을 느낀다. 그리고 그들과 함께했기에 나 또한 무척이나 행복했다.

판소리 담당자 신유진 & 대금 담당자 임정민
(서울대학교 국악과)

베트남에서 함께 활동했던 대금 전공자 예지는 개인 사정으로 인해 아리랑 세계일주에는 승선하지 못했다. 그래서 나는 다시금 대금 전공자와 판소리 전공자를 찾아야만 했다. 한 번 해 봤다지만 막막한 것은 여전했다. 나는 전국의 국악과 리스트를 다시 정리하기 시작했다. 그러고는 각 학교의 국악과 사무실에 연락해서 아리랑 세계일주에 승선할 단원 추천을 부탁드렸다. 하지만 지난 베트남 때보다 더 힘들었다. 베트남의 경우 예산이라도 마련되어 있었지만 이번에는 기약조차 없었다. 그래서인지 다들 전화를 끊어 버리거나 제안서를 이메일로 보내도 감감무소식이었다.

의기소침해진 내 고개가 바닥을 향해 곤두박질치고 있을 때, 이번에도 서울대 국악과의 이승철 조교님이 구세주가 되어 주셨다. 국악 전공자가 아닌 나에게 조합에 대한 설명과 조언까지를 덧붙여서 판소리와 대금 전공자를 추천해 주기로 하셨다. 전화를 끊은 지 십 분 정도 지났을까? 조교님에게서 다시 연락이 왔다. 서울대마

저도 추천할 수 없다는 답변을 받을까 봐 떨리는 손으로 전화를 받았다. 그런데 놀랍게도 조교님은 두 명의 전공자를 구했다는 반가운 소식을 전해 주셨다.

새로운 인연을 만난다는 것은 하나의 새로운 우주를 만나는 것만큼 설레고 또 설레는 일이다. 그렇게 해서 판소리 전공자인 신유진과 대금 전공자인 임정민을 만날 수 있게 되었다. 오디션이 웬 말인가. 나는 그들의 열정만 보고 그들을 아리랑 유랑단에 승선시키기로 확정했다. 알고 보니 그들은 단체 카카오톡 방에 올라온 '아리랑 세계일주 선착순 2명!'이라는 글을 보고 10분만에 휴학을 결정했다고 한다.

영상 담당자 박준영(동의대학교 신문방송학과)

우선 영상과 사진을 두루 다룰 줄 아는 전공자가 필요했다. 아무리 아리랑을 멋지게 알린다 한들 기록물이 없다면 우리만의 추억으로만 남을 수밖에 없었다. 누군가는 우리의 기록물을 보고 큰 힘을 얻어서 새로운 도전을 하기 바랐다. 우리 같은 청년들이 여기서 맥이 끊기지 않고 계속 나올 수 있기를 바라는 마음도 있었다.

두 살 많은 준영이 형은 '29초 영화제'와 같은 각종 UCC 공모전과 KBS 신세대 VJ 페스티벌에서 수상한 경력이 있는 영상계의 풍운아였다. 나는 다양한 대외 활동을 하면서 그의 영상 실력을 귀가 닳도록 들었다. 그는 내 주변의 지인들과도 좋은 관계를 유지하고 있었는데, 내가 영상 전공자가 필요하다고 하자 지인들이 한목소리로 그를 추천했다.

그렇게 해서 만난 그는 소문대로 서글서글한 외모와 미소를 가지고 있었다. 타의 추종을 불허하는 영상물들을 보니 그가 자꾸만 욕심이 났다. 나는 용기를 내서 나의 계획을 소개하며 그에게 함께할 것을 제안했다. 그는 흔쾌히 나의 계획을 응원해 주었고, 베트남을 시작으로 세계일주까지 아리랑 유랑단의 영상과 사진을 책임져 주었다.

서예 담당자 이정화(경기대 서예문자예술학과)

아리랑 세계일주를 기획하고 있던 어느 날, 경기대학교 학보를 보게 되었다. 가장 첫 면에 '우리 학교 스타'라는 코너가 연재되고 있었는데, 그곳에 바로 정화가 소개되었다. 어떤 친구이길래 우리 학교의 스타가 됐을까 싶어 유심히 살펴보니 드라마 〈해를 품은 달〉, 〈뿌리 깊은 나무〉 등 대한민국의 사극 드라마 속 여자 연예인의 서예 대필을 도맡았다고 했다. 학교에 서예문자예술학과가 있다는 것도 처음 알았는데, 그녀의 서예 재능이 무척이나 매력적으로 다가왔다. 서예는 아리랑뿐 아니라 한글을 알리는 데에도 크게 필요한 부분이라는 생각이 들었다.

나는 망설임 없이 다짜고짜 그녀의 페이스북 주소를 알아내 무작정 세계일주를 가자고 유혹했다. 베트남 활동을 시작하고 궁극적으로 세계일주를 가고자 하니 함께하자는 것이 요지였다. 하지만 답변은 쉽게 오지 않았다. 마치 길거리에서 한눈에 반한 여자로부터 연락처를 알아내고 몇 날 며칠 그녀의 연락만 기다리는 꼴이었다.

마냥 기다리고만 있을 수는 없었다. 나는 Plan B를 쓰기로 했다. 이번에는 미대 후배를 통해 그녀의 휴대폰 번호를 알아내 직접 연락을 취했다. 그제야 그녀는 어쩔 수 없었는지 답을 하였고 우리는 드디어 만나게 되었다. 그러고는 장기간의 구애 끝에 긍정적인 결론에 도달할 수 있었다. 나중에 들은 이야기이지만 그녀의 어머니는 사윗감을 따지듯 웹상에 있는 나의 정보를 보며 꼼꼼하게 판단하셨고, 문제없다는 결론을 내린 뒤에야 결혼 승낙을 하듯이 '아리랑 세계일주'를 가도 좋다고 허락하셨다고 한다. 어렵게 만나서였을까? 우리는 베트남을 시작으로 아리랑 세계일주까지 떼려야 뗄 수 없는 관계가 되었고, 아리랑 유랑단뿐 아니라 한글 유랑단까지 큰 힘을 실어 주었으며 현재는 대학원 진학 후 공부에 매진하고 있다.

타악 담당자 김동국 (한국예술종합학교 타악 전공)

영상, 서예, 판소리, 대금 전공자가 모집되고 마지막으로 필요한 분야는 타악이었다. 길거리 공연이 많은 우리에게 광장에서 울려 퍼지는 장구 소리는 모든 이의 이목을 집중시킬 수 있는 비장의 무기였다. 이는 베트남 아리랑 스쿨을 진행하며 가장 필요한 부분이라고 생각한 것 중 하나였다.

아리랑 유랑단의 단원들은 각자의 재능을 바탕으로
세계 속에 아리랑과 한국의 문화를 알리는 데 발벗고 나섰다.

또 하나의 문제는 국악 길거리 공연에 대해 아는 바가 전혀 없다는 것이었다. 그래서 포털 사이트 검색창에 길거리 국악 공연을 검색해 보았다. 그러다 내 눈을 사로잡은 영상을 발견했다. 한 청년이 태국 시장에서 한반도 지도와 노트북으로 한국 홍보 영상을 띄워 놓고는 길거리 장구 연주를 선보였다. 영상에서 태국인들은 낯선 악기 소리에 신명나는 춤을 선보이고 그의 연주에 엄청난 호응을 보냈다. 영상 하나 보았을 뿐인데 나는 그에게 완전히 매료되었고, 이번에도 그의 블로그를 찾아 다짜고짜 댓글과 쪽지를 보내며 구애를 펼치기 시작했다.

하지만 반응은 예상했듯 묵묵부답이었다. 그로부터 한 달여간 그를 위해 공을 들였다. 그러던 어느 날 기다리던 연락이 왔다. 한 번이야기라도 들어보자고 했다. 우리는 급히 날을 잡고 만남을 가졌다. 그를 만나자마자 나는 숨 쉴 틈 없이 우리의 계획을 떠들어댔다. 그런 나의 이야기를 집중하여 듣던 동국이는 허무맹랑한 이야기가 아니라고 생각했는지 결국 함께하겠다는 의사를 표해 주었다.

이렇게 하여 아리랑 세계일주를 떠날 아리랑 유랑단 시즌1 멤버 6명이 모두 확정되었다. 무턱대고 도전했던 첫 번째 고개를 무사히 넘은 순간이었다. 이제 가장 큰 산인 예산 문제가 내 앞을 떡하니 가로막고 있었다. 하지만 나는 절대 고개를 숙이지 않았다. 고개를 들어야, 고개를 넘을 수 있기 때문이다.

기회는 지금이다,
진정성으로 후원을 약속받다

카페베네 대표님과의 인터뷰, 1억 원 후원을 약속받다.

베트남을 다녀온 이후로 시행착오를 보완하고 아리랑을 전 세계에 알리고자 기획을 더욱 구체화시켰다. 하지만 그것보다 중요한 것은 나의 진정성이었다. 단순히 세계일주를 하려고 기획된 팀이 아니라 아리랑에 담긴 나의 진심과 철학이 단체의 구심점이 되어야 하는 것부터가 급선무였다.

나는 왜 아리랑을 알리려 하는가? 그 기저에는 옹알이, 벙어리, 메아리 등 아리랑의 어원에 담긴 내 삶이 깔려 있다. 아리랑은 내 삶의 고개마다 힘이 되어 준 희망의 노래이자 생명의 은인과도 같은 노래였다. 이런 나의 스토리는 아리랑을 알리는 데 있어서 진정 어린 구심점이 되어 주었다. 어쩌면 아리랑이 빼앗길 위기에 처했다는 것만으로도 내가 아리랑을 지키고 세계에 알려야 할 의무와 이유는 충분했다. 대한민국 국민이라면 누군가 해야만 하는 일이었으나 나에게는 행동해야만 하는 이유와 의미까지 더 있지 않은가. 이 모든 이야기는 아리랑 유랑단 창단과 세계일주를 제안하는 데 있어서 가장 중요한 진심이자 기초 골격이 되었다.

2013년 1월경, 아리랑을 전 세계에 알린다고 동네방네 소문도 내고 단원들도 모아 연습이 들어간 상태에서 가장 큰 문제는 예산이었다. 이 기업 저 기업을 돌아다니며 수없이 많은 제안서를 뿌렸지만 큰 소득이 없었다. 프로페셔널한 기획가들에게는 한 대학생의 허무맹랑한 기획일 뿐이었을 것이다. 추정된 예산만 해도 1억 원이나 되었고, 아무리 대기업이라 해도 뜬구름 잡아 보이는 대학생에게 덜컥 1억 원을 내놓을 리 만무했다. 하지만 기회는 순식간에 찾아왔다.

당시 나는 MBC 특집 다큐 '청춘혁명! 나에게 주목하라' 편에 출연했는데, PD님은 내가 카페베네 해외청년봉사단과 홍보대사로 왕성하게 활동했던 부분에 주목해 주셨다. 그러고는 당시 청년들을 위한 책을 쓰신 카페베네 김선권 대표이사님을 직접 찾아뵙고, 인터뷰하는 장면을 넣어 보는 게 어떠냐고 제안해 주셨다. 이것은 분명 기회였다. 하지만 다짜고짜 대표님을 만나 도와 달라고 하는 것보다 살짝 언질만 드리고 다음 기회에 자리를 마련하여 부탁드리는 것이 예의 같았다. 우선 아리랑에 대한 진정성 있는 이야기를 할 시간이 필요했다. 그래서 나는 한 가지 묘안을 짜 냈다. 대표님께 사전에 드리는 질문지에 3분의 1 정도 아리랑과 관련된 질문을 포함시켰다.

운명의 날이 밝았다. 대표님의 방으로 들어가니 대표님께서 특유의 선한 미소로 나를 맞아 주셨다. 놀랍게도 대표님은 자리에 앉기가 무섭게 아리랑에 관련된 질문을 던지셨다. 미리 보냈던 나의 질문지를 보시고 큰 관심을 보인 것이다.

나는 대표님의 질문들에 진정으로 답하려고 노력했다. 내가 왜 아리랑을 알려야 하고, 나의 어릴 적에 아리랑이 어떤 존재였는지 등 차근차근 아리랑과의 추억에 대해 말씀드렸다. 대표님은 진지하게 들으시더니 대뜸 내게 청년의 열정이 보기 좋다며 아낌없이 칭찬해 주셨다. 칭찬에 기분이 좋아진 나는 이야기가 자꾸 아리랑 쪽으로 기울자 두근거리는 마음을 감출 수 없었다. 그러다 계획하지도 않은 말을 궁리하고 있는 나를 발견했다. 그래서 마음을 가다듬고 큰 용기를 내보기로 마음먹었다. 지금이 아니면 후원을 부탁드릴 기회가 언제 올지 몰랐다. 나에게 다음 기회란 없다. 바로 지금이다!

나는 크게 심호흡을 한 뒤 어렵게 말문을 열었다.

"대표님, 아리랑을 알리려 세계일주를 계획하고 있습니다. 저에게는 예산이 턱없이 부족합니다. 저를 도와주실 수 있으신지요?"

내가 한 말이라고는 믿기지 않았다. 사랑하는 여자에게 고백하는 순간만큼이나 무척 떨렸다. 마음이 천근만근 무거워지기 시작

했다. 1분, 1초가 몇 년 같았다. 내 말에 귀 기울이시던 대표님은 내 눈을 유심히 바라보셨다. 가슴이 쿵쾅거렸다. 거절을 당한다 할지라도 나는 용기 내어 말씀을 드렸고, 그래서 후회는 없었다.

그런데 갑자기 대표님이 비서를 부르더니 마케팅 이사님을 호출하셨다. 마케팅 이사님이 들어오자 대표님은 나를 소개하며 한 말씀을 던지셨다.

"이 열정적인 친구가 아리랑을 알리려 세계일주를 하려고 하네, 문제없이 지원해 주게!"

그렇게 나는 후원금을 약속받았다. 시청 앞의 붉은악마 수만 명이 내 가슴에 대고 '아리랑'을 부르는 듯 가슴이 벅차올랐다. 아리랑을 알리고자 했던 진정 어린 마음과 베트남을 시작으로 내 판을 만들어 기획했던 열정의 순간들이 결국 결실을 맺게 된 것이다.

만약 내가 대표님께 프레젠테이션과 같이 스토리가 아닌 통계, 수치 등을 발표하는 자리였다면 과연 좋은 결과를 얻을 수 있었을까? 나는 진정성 있는 나만의 스토리로 대표님의 마음을 열 수 있었다고 생각한다.

당신에게 절체절명의 기회가 찾아온다면 당신은 어떻게 상대방의 마음을 열 것인가? 기회는 자주 찾아오지 않는다. 순간의 기회를 놓치지 말고 당신이 가진 진정성 있는 스토리로 기회를 기획하기 바란다.

진심이 있는 곳에는
반드시 도움이 따른다

예산만 1억 원, 철저하게 여정을 준비하다.

후원 약속을 받았다고 해서 당장 후원금이 내 앞에 떨어지는 것은 아니었다. 진정성 있는 스토리로 약속을 받아 냈다면 다음 고개는 본 프로젝트에 도움을 줄 마케팅팀 실무진과의 금액적인 협상이었다. 이제는 더 이상 스토리로 밀어붙일 수 없는 노릇이었다. 본격적으로 통계와 수치가 들어간 제안서를 만들어야 했다. 우리가 떠나서 할 콘텐츠와 내용, 일정, 기관 컨택까지 하나부터 열까지 제안서에 세밀하게 담아내야 했다.

가장 예민한 문제는 예산에 관련된 촘촘한 예정 내역이었다. 대표님께는 금액적인 이야기를 한 것이 아닌 어디까지나 후원을 약속만 받은 상황이었기에, 예정한 1억 원의 금액을 불렀을 때 마케팅팀에서 문제화하면 모든 프로젝트가 무산될 수도 있었다.

예산을 짜면서 나는 힘을 잃어 갔다. 왜냐하면 6명이 세계일주를 하면서 필요한 예산은 자그마치 1억 원이나 되었고, 그 금액은 기업 입장에서도 절대 작은 돈이 아니었기 때문이다. 그래서 고민은 날로 늘어갔다. 3·1절부터 6·25까지 총 117일간 유랑단이라는 콘셉트처럼 아낄 것을 아껴 가면서 좀 더 줄여 볼까? 하지만 아무리 줄이고 줄여도 항공권, 숙박비, 기본적인 식비까지 하면 1억 원이 최소 금액이었다. 과연 이렇게 큰돈을 후원해 줄 것인가? 다양한 용품도 문제였다. 단체복도 필요했고, 일지와 사진, 영상 파일을 정리할 노트북도 필요했다. 요청도 하기 전에 고민은 쌓이고 쌓여 고개를 가로막는 큰 벽이 되었다.

나는 소신을 갖고 꼭 필요한 최소 예산인 1억 원을 제안하기로 결정했다. 그리고 다양한 근거와 내용들을 정리하여 왜 우리에게 1억 원이 필요한지 명확한 설명이 담긴 제안서를 만들었다. 가장 중요한 것은 그들이 우리에게 1억 원이라는 큰돈을 후원해 준 만큼 누릴 수 있는 홍보 효과였다. 우리는 우리의 콘텐츠인 '아리랑 스쿨'에 카페베네의 이름을 넣는 네이밍 라이츠 제안을 받아들였다. 그래서 탄생한 것이 '아리랑 베네 스쿨'이었다. 또한 단체복은 물론 학생들이 체험할 단소에도 카페베네 로고가 들어간 스티커를 부착했고, 다양한 기념품, 팸플릿에도 카페베네에 대한 소개와 로고를 부착하기로 했다. 그렇게 해서 아리랑뿐 아니라 우리를 후원해 준 기업에 대한 최소한의 예의와 홍보 효과를 누릴 수 있는 방법들을 구상했다.

불행 중 다행인 것은 마케팅팀 담당자분들의 주변에 해외청년봉사단을 통해 해외봉사는 물론 홍보대사 활동까지 해 온 분들이 꽤 많았다는 점이다. 후원에서 가장 중요한 포인트는 바로 이 부분이었다. 진정성 있는 내용은 물론이거니와 관련된 지인들이 있다는 것은 후원에 힘을 실어 줄 수 있었다. 그래서인지 다행히 협의는 순탄하게 진행되었다. 홍보부터 계획까지 협의를 통해 서로의 윈윈 효과를 낼 수 있는 방향으로 이어 갔다. 마지막 국가였던 미국에서는 카페베네 점포가 있는 뉴욕 타임스퀘어점은 물론 뉴욕 한인 타운이 있는 플러싱점에서 아리랑 콘서트를 여는 것으로 홍보 방안을 더욱 구체화시켰다.

얼마나 지났을까? 길고 긴 협의의 끝에 이제 최종 결재만을 남겨두게 되었다. 후원 약속은 받았지만 매일같이 연습하고 있는 단원들에게 확답을 주지 못한 상황이었다. 단원들의 휴학 등록 기간도 다가오고 있었다. 그러던 어느 날, 버스 안에서 마케팅팀 팀장님의 전화를 받았다. 결과가 궁금한 한편 걱정스러운 마음도 들었다. 멍하니 휴대폰 화면만 보다가 조심스럽게 전화를 받고는 덜컹거리는 가슴을 부여잡았다. 이야기를 듣던 나는 불끈 주먹을 움켜쥐고 만세를 불렀다. 드디어 1억 원 후원에 대해 최종 컨펌이 났다고 했다. 나는 바로 이 기쁜 소식을 단원들에게 일일이 전화하여 전했다. 길고 길었던 고개를 넘고, 이제 세계일주 고개 앞에 서게 된 것이다.

기업과 함께 윈윈할 수 있는 전략과 방안을
세우는 한편 우리 스스로도 열심히
연습에 매진했다.

나는 1억 원 후원을 확정받고 나서 더욱 힘찬 발걸음을 이어 나갔다. 다음은 세계일주를 하면서 필요한 노트북, 단체복을 후원받는 것이었다. 우선 전 세계를 돌며 우리 몸을 추위와 더위에서 보호해 주고 우리를 상징할 수 있는 단체복이 필요했다.

생각해 보니 기능성 있는 단체복으로 아웃도어 제품만 한 것이 없었다. 특히 아웃도어 시장은 국내 브랜드가 포진하고 있어 상대적으로 외국계 기업이 많은 스포츠 브랜드보다 후원받을 가능성이 높았다. 주말이면 곳곳의 고개를 넘는 산악인들의 마음이 흡사 아리랑 고개를 넘는 것과 같지 않을까? 아리랑과 가장 잘 어울리는 것은 국내시장의 아웃도어 브랜드들이 아닐까? 이런 생각을 하고 나니 본능적으로 새로운 제안에 대한 여러 아이디어가 떠올랐다.

나는 또다시 도전의 고개 앞에 섰다. 평소 국악과 리스트를 정리했듯, 아웃도어 브랜드의 리스트를 정리하기 시작했다. 생각보다 아웃도어 브랜드가 꽤 많았다. 나는 기존 카페베네에 작성한 제안서를 활용하여 아웃도어 용품 후원 제안서를 만들었다. 여기서의 전략은 'ctrl+c, ctrl+v'가 아닌 각 기업에 맞는 슬라이드를 추가하는 것이었다. 나는 각 아웃도어 브랜드 사이트를 방문하여 그들이 올려놓은 카달로그를 보고 포토샵으로 우리가 필요한 용품을 코디했다. 나는 패션 디자이너가 된 것마냥 여자는 빨간색, 남자는 파란색으로 하여 둘을 한데 모아 놓고 아웃도어 태극 코디를 완성시켰다. 그리고 그것을 가지고 각 아웃도어 브랜드에 연락하고 협조를 구했다.

아무래도 기업 페이스북은 홍보대행사에서 관리하는 경우가 많아 전달을 하지 않거나 크게 신경 쓰지 않는 듯했다. 그래서 나는 실무진에게 바로 연락을 하기로 결심했다. 나는 각종 방법을 통해 두 브랜드의 실무진 연락처를 알아낼 수 있었다. 그들에게 정중한 편지와 함께 제안서를 발송하였다. 반응은 지난번과 180도 달랐다. 두 분에게서 바로 답변이 온 것이다. 그중 가장 적극적으로 도움을 주신 분이 패션그룹 형지의 아웃도어 브랜드인 노스케이프 담당 신종혁 대리님이셨다. 그는 내게 한 문장의 메시지를 보내 오셨다.

'너무 좋은 일을 하시는데, 당연히 협찬해 드려야죠!'

그렇게 해서 우리는 개인당 수백만 원이 넘는 아웃도어 용품을 협찬받을 수 있었다. 신 대리님은 우리에게 그저 몸 건강히 다녀오라고만 말씀해 주셨다. 그 어떤 말보다 따뜻하고 감사해 눈시울이 붉어졌다.

다음으로 필요한 것이 우리의 일거수일투족을 '아리랑유랑실록'으로 남겨 줄 노트북이었다. 이번에는 지인을 통해 힘을 받기로 했다. 바로 한국장학재단의 멘토링 프로그램에서 만난 인텔코리아의 대표 이희성 멘토님이었다. 멘토님은 흔쾌히 최신식 노트북을 협찬해 주셨다. 물론 반납을 해야 하는 조건이었지만, 117일간 우리는 노트북으로 세상과 소통할 수 있었고, 우리의 귀하디 귀한 '아리랑유랑실록' 일지와 사진, 영상 자료를 담아 둘 수 있었다. 그 외에도 우리의 출국 소식을 안 지인들로부터 많은 도움을 받았다. 견과류부터 문경시청에서는 신발, 가방을 보내 주시는 등 세계일주를 준비할 때만 해도 이것이 가능하리라고는 생각하지 못할 정도로 많은 도움을 받았다. 첫 활동지였던 베트남 숙소에서 영상 전공자인 준영이 형이 했던 말이 생각난다.

"현우야, 진심이 있는 곳에는 반드시 도움이 따른다."

06
'준비된 자만이 기회를 얻는다'는 법칙은 유효하다

하나부터 열까지 준비하고 또 준비하다.

영화를 촬영할 때 감독은 항상 이렇게 외친다.

"Ready, Action!"

여기서 가장 중요한 것이 Action에 앞선 Ready, 즉 준비이다. 여행을 할 때는 준비가 가장 중요하다. 물론 준비물을 챙기는 것도 중요하지만 내가 가장 중요하게 생각한 것은 바로 공부였다. 공부라 하면 자칫 지겹게 느껴질 수 있지만, 현지에 대한 공부가 있어야만 효율성을 높이고 미연의 사고와 현지에서의 고단함을 줄일 수 있다. 117일 동안 6명의 인원을 이끌어야 하는 단장으로서 책임감과 부담감이 막중했다. 그래서 출국 전부터 다양한 방식으로 교육과 준비에 대한 부분을 일일이 신경 써야 했다.

각 분야의 전문가들을 직접 찾아가 뵙고
조언을 구하고 배우면서 실력을 키우고자 노력했다.

공연 연습

우리에게 가장 중요한 준비는 바로 공연 연습이었다. 우리만의 연습장이 없어서 주로 전공자들의 학교 연습실을 활용했다. 1기, 2기 때는 서울대학교 음악대학 연습실을 활용했다. 하지만 연습이 있는 날이면 내가 도와줄 수 있는 부분이 없었다. 비전공자인데다 음악적인 공부가 되어 있지 않았기 때문에 연습 때마다 꾸어다 놓은 보릿자루가 되기 일쑤였다.

내가 할 수 있는 것은 단원들이 현지에서 고생하지 않도록 제반 사항을 마련하고 기획을 제대로 해 놓는 부분이었다. 공연 연습의 진행은 가장 선배이자 연장자를 공연 기획 담당자로 배정해서 연습에 속도를 붙일 수 있었다.

비록 음악적으로 공부가 되어 있지는 않았지만 일반인의 시선에서 그들에게 조언을 하기도 했다. 우리는 외국인들과 재외동포들의 눈높이와 입맛에 맞춰 4대 '아리랑'을 포함한 '아리랑' 메들리는 물론, 다양한 퍼포먼스 요소를 래퍼토리로 추가하려고 노력했다.

멘토

우리는 아리랑으로 세계인들과 소통하는 것이 가장 큰 목표였다. 그렇기 때문에 아리랑에 대한 정보가 부족할 것을 대비하여 아리랑에 대해 공부하기 위해 스터디를 진행했다. 주마다 각자 레포트 형식으로 아리랑과 관련된 공부를 해 오고 회의 때 발표를 진행했다. 하지만 이는 검색 위주의 정보였기에 겉핥기식의 공부밖에 되지 않았다. 그래서 결정한 것이 바로 멘토를 만나는 것이었다.

아리랑을 검색하면 유독 한 인물이 많이 등장한다. 주인공은 바로 한평생 아리랑을 연구해 오신 김연갑 한겨레아리랑연합회 이사님이다. 나는 이사님의 연락처를 알아내 염치 없이 그에게 아리랑 멘토링을 부탁드렸다. 바쁘신 중에도 김연갑 이사님은 청년들의 아리랑에 대한 열정과 사랑을 보시고 흔쾌히 멘토링을 약속하셨다. 1, 2기 모두 김연갑 이사님을 통해 아리랑에 대한 A to Z를 공부할 수 있었다. 그로 인해 우리는 백과사전처럼은 아니어도 외국인들과 재외동포들의 질문에 답을 할 수 있을 정도로 아리랑에 대해 습득하게 되었다.

현장 학습

내가 가장 내세우는 것이 바로 발품정신이다. 우리는 앉아서 배우는 것에서 머물지 않고 아리랑의 대표 고장을 방문하여 지역 아리랑을 배워 보고자 했다. 정선, 문경, 밀양, 진도의 아리랑 전수관을 방문하고 인간문화재 선생님들로부터 지역 아리랑을 깊이 있게 배우는 시간을 가졌다. 직접 그 고장을 찾아가 배우는 아리랑은 역시 깊이가 달랐다. 한평생을 지역 아리랑을 연구하고 불러 오신 분들이었기에 우리에게 하나라도 더 알려 주려고 하셨고, 우리는 하

유럽 원정에 앞서 우리는 배워야 할 것이 무척이나 많았다.
세계 속에서 부끄럽지 않은 한국인이 되고자
최선을 다해 배우고 익히는 시간을 가졌다.

나라도 더 배우기 위해 노력했다. 무척 의미 있고 아름다운 교류의
시간이었다.

다큐멘터리

다큐멘터리도 큰 공부가 된다. 어떠한 다큐멘터리이든 한 주제
를 파고드는 깊이 있는 콘텐츠이기 때문에 다큐멘터리는 짧은 시
간 안에 임팩트 있게 큰 가르침을 전해 준다. 우리는 이후에 진행될
영상물 작업을 위해 기존의 다큐멘터리를 살펴보았다. 한 시간 분
량의 다큐멘터리에 우리는 아리랑의 기원부터 세계 속의 아리랑은
물론, 우리가 넘어야 할 고개 중에서 꼭 만나야 할 사람들에 대한 것
도 담고자 했다.

현지와의 긴밀한 연락

우리가 만나 봐야 할 재외동포 혹은 외국인에 대한 조사도 필수
였다. 예를 들어 한국어과 학생들의 경우 SNS에 이미 등록된 그룹
이라든지 페이지가 있어 SNS를 통해 연락처를 알고 사전에 교류
할 수 있는 장이 마련되어 있었다. 기관의 경우에는 이메일 주소가
각 기관 홈페이지에 등록되어 있거나, 없을 경우 외교부를 통해 연
락처를 알아내 방문 일정에 대해 공유를 드리고 협조를 구했다.

연락이 되었다면 다음은 그들에 대한 공부를 해야 했다. 우리는
먼 타지에서 눈물 흘리며 고국의 경제부흥에 일조한 파독 간호사

분들의 역사적인 스토리는 물론, 제2외국어로 한국어를 선택한 외국인 학생들이 필요로 하는 것과 교류 내용 등에 대해 공부했다. 그리고 그들과 이메일이나 SNS 등을 활용해 온라인상에서 긴밀하게 대화했고, 함께 고민하며 답을 찾아 나갔다. 그렇기 때문에 현지에 도착해서도 그들이 낯설지 않고 오랫동안 만나 온 친구 같았다. 공항까지 환송을 나와 주거나, 우리를 보낼 때 오래된 연인을 보내는 것처럼 눈물을 흘리는 그들의 모습을 보며 우리는 외국인 학생들로부터 '정'이라는 것을 확인할 수 있었고, 오프라인에서 온라인으로 이어 온 우리의 정이 절대 얕지 않다는 것도 느낄 수 있었다.

뉴스

정보를 얻는 데에는 뉴스만 한 것이 없었다. 특별히 연합뉴스, 뉴시스와 같은 통신사의 속속들이 업데이트되는 보도자료가 큰 힘이 되었다. 요즘은 해외특파원들이 전 세계에서 활약하고 있어서 전 세계에서 일어나는 일들에 대한 정보가 온라인 포털 사이트에 실시간으로 소개된다. 베트남을 첫 번째 활동지로 선정한 것도 호치민 국립대학교 학생들의 활동상을 보도자료를 통해 접했기 때문이다. 우리도 우리의 활동상을 보도자료로 발송해 드렸는데, 통신사에서 보도자료로 등록해 주셔서 따뜻한 배려를 느낄 수 있었다.

블로그, 가이드북

여행지에서 주의할 점이나 현지 날씨, 치안 상태 등에 대한 정보도 중요하다. 이 부분은 현지에 체류 중인 블로거나 장기 여행자들의 블로그를 통해 체크할 수 있었다. 궁금한 것이 있으면 댓글을 남겨서 피드백을 받기도 했다. 기본적인 지식은 가이드북을 활용했다.

가장 신경 쓰이고 항상 머리를 감싸게 만들었던 부분이 공항에서부터 숙소까지의 이동이었다. 대중교통부터 택시까지 다양한 이동 방법이 가이드북에 상세히 나와 있어, 도서관에서 그 부분만 사진을 찍어 와 체크하는 방법을 활용했다. 그리고 구글 지도를 활용하기도 했다. 와이파이가 되지 않을 경우를 대비해 미리 캡처하여 확인하는 것도 해외에서 길을 찾는 데 큰 도움이 되었다.

이외에도 열거하지 못한 부분이 많지만, 모든 것을 통틀어도 사람 대 사람의 정보 공유만 한 것이 없었다. 검색도 검색이지만 현업에 계시거나 가장 가까이 있는 사람들의 살아 있는 정보가 가장 정확하고 효과적이었다. 여행을 준비하거나 어떤 프로젝트를 준비할 때 가장 참고해야 할 부분이 바로 이것이다. 사람이 곧 모든 공부와 준비의 중심이다. 필자가 참여하고 있는 여행대학에 많은 수강생이 몰리는 이유도 이 때문이 아닐까?

07
기회를 잡고 노력하면
또 다른 기회가 찾아온다

유럽 원정대의 이야기가 다큐멘터리로 기록되다.

"인생은 곱셈이다. 아무리 찬스가 와도 내가 제로라면 아무것도 아니다."

_나카무라 미츠루

　아리랑 세계일주를 마치고 돌아왔을 때 생각보다 빨리 또 다른 기회가 찾아왔다. 출국 전에는 세계일주 여정을 다큐멘터리로 찍고 싶었지만 외면받았다. 그런데 이제는 상황이 180도 달라져 있었다. 다큐멘터리 외주 제작사에서 먼저 우리를 알고 찾아온 것이다. 이번에는 세계일주가 아닌 다른 루트의 여정을 그려보고 싶다는 제작진의 의도를 전달받고 나는 행복한 고민을 하게 되었다.

　세계일주를 하며 가장 부족했던 점을 곱씹어 보니 바로 아리랑에 대한 지식적인 부분이었다. 그래서 2부작이라는 것을 말씀하셨을 때 의견을 조율하여 1부에는 전국에 있는 아리랑 고장을 찾아다니며 아리랑 전수관 등에서 아리랑을 배우는 부분을 촬영하자고 제안드렸다.

또한 시간적으로나 시기적으로나 제작사 측에서 생각한 루트가 잘 맞지 않아 지난 세계일주를 하며 아쉬움이 많았던 유럽 루트를 권하기에 이르렀다. 사실 똑같은 나라를 가는 것이 큰 의미가 없을 수도 있지만 나는 세계일주 때 시간상, 현지 사정상 함께하지 못했던 곳에서 업그레이드된 공연의 장을 마련하고 또 그 과정에서 우리도 많이 배우고 싶었다. 아리랑 세계일주 당시, 길거리 공연과 아리랑 스쿨을 통해 세계인들에게 아리랑을 가르쳐 주는 교육의 취지가 강한 반면 우리가 배울 수 있는 시간이 턱없이 부족했기 때문이다. 이번에는 아리랑 유랑단도 한 단계 성장할 수 있는 배움의 시간을 만들고 싶었다. 그와 더불어 재외동포들에게 더욱 큰 힘을 드리겠다고 다짐했다. 그래서 결정한 나라가 영국, 프랑스, 네덜란드, 독일이었다.

우선 멤버 모집이 가장 시급했다. 지난번과는 다른 악기를 다루고, 퍼포먼스적인 요소가 들어가면 좋겠다는 생각이 들었다. 그리고 만능 엔터테이너가 필요했다. 그렇게 해서 오디션을 통해 한국무용의 이규빈, 가야금 연주와 민요를 함께 부르는 가야금 병창의 권귀진, 피리와 생황, 태평소를 능수능란하게 다루는 손정민, 타악과 연희가 가능한 정하나까지 총 4명의 여자 단원이 선발되어 아리랑 유랑단 시즌2를 준비했다.

우리는 문경, 정선, 밀양, 진도 네 곳의 아리랑 고장을 누비며 전수관 등에서 각 고장의 고유한 아리랑을 전수받았고, 아리랑 멘토인 김연갑 이사님께 찾아가 멘토링을 받았다. 지난 경험 때문인지 이번 유럽 원정에서는 공부도 더 효과적으로 했고 나머지 부분 등도 탄탄하게 준비할 수 있었다. 그렇게 세계일주를 마치고 돌아온 지 4개월여가 지났을 때 나는 다시 아리랑 유랑단의 시즌2 유럽 원정대를 꾸려 단원들과 유럽 원정을 떠났다.

사실 Interactive(상호적인) 다큐멘터리 촬영이라고 해서 자연스러움을 추구할 것이라 생각했는데, 첫날 공항에서부터 공항 출입 장면만 4~5차례를 찍으니 앞으로의 길이 참 막막해졌다. 하지만 단원들은 빠른 시간 안에 다큐 촬영에 적응했고, 완벽한 인터뷰와 때에 맞춰 멋진 연출까지도 해냈다.

〈꽃보다 할배〉가 방영되기 전이어서 길거리 공연과 한인민박, 호스텔에서의 숙박은 유랑단 단원들뿐 아니라 촬영팀 모두에게 어려움이었다. 이런 촬영은 처음이라고 말하는 촬영감독님과 PD님을 달래 드리며 우리는 묵묵히 유럽의 아리랑 고개를 넘어 갔다. 그만큼 힘든 여정이었지만 훗날 방영된 〈꽃보다 할배〉를 보며 우리가 원조라는 우스갯소리까지 할 만큼 그때의 순간순간이 뜻깊은 추억으로 남아 있다.

아리랑 유랑단 시즌1과는 다르게 시즌2에서는 다큐멘터리
촬영까지 함께 이루어져 더욱 뜻깊었다.

유럽 원정대는 지난 세계일주 여정과 같은 루트로 이동하였기에 각 국가에서 반가운 얼굴들을 다시 만날 수 있었다. 옥스퍼드대학교에서는 지영해 교수님을 다시 만났다. 이번에는 교회에서 멋진 공연을 주최해 주셨고, 지난번에는 입장하지 못했던 도서관까지 입성하여 아리랑이 나오는 고서적들을 찾아보고 함께 연구하고 고민하는 시간도 가졌다. 아리랑을 외국의 고서적으로 만나는 것은 지난 세계일주 여정에서도 없었던 일이다. 기대조차 하지 못한 일이었는데 헐버트 선교사님의 100년 전 서적을 보며 우리 모두 가슴이 뜨거워지는 순간을 공유했다.

독일에서는 훔볼트대학교에 있는 라우트 아카이브를 방문하여 신기한 만남을 가졌다. 1916년 제1차 세계대전 당시 러시아군에 징집되고 전쟁에 참여하다 독일의 조선인 포로가 된 한국인들(김 그레고리, 안 스테판, 유 니콜라이 등)이 바로 그 주인공이었다. 제1차 세계대전 당시 독일의 언어학자이자 민속학자인 알베르트 되겐 박사가 주도한 각 민족의 언어, 음악 자료에 대한 조사에 조선인 포로들이 참여했고, 백여 년 전의 '아리랑'을 녹음했다. 선조들이 부른 '아리랑'을 듣는다는 것이 무척이나 신기하고 놀라웠다. 우리가 흔히 아는 경기아리랑과는 많이 달랐지만 우리 귀에는 아리랑이라는 세 글자가 똑똑히 들렸다.(당시 녹음된 것에는 아리랑이 아닌 아라랑, 아라룽이라고 소리 내고 있었다.) 소리를 듣는 순간 가슴이 뭉클해졌다. 그때의 여운이 지금까지도 생생하게 남아 있다.

이외에도 파독 간호사분들을 만나 아리랑과 함께 힐링의 시간을 보냈고, 6·25전쟁에 참전한 네덜란드 참전용사 여덟 분이 살아 계시는 요양원에 방문하여 '아리랑'을 불러 드리기도 했다. '아리랑'을 들으며 눈물을 흘리는 참전용사 어르신들의 눈물을 닦아 드리면서 우리도 어느새 눈시울이 붉어졌다.

지난 세계일주 여정에서 우리가 하지 못했거나 아쉬웠던 부분을 아리랑 유랑단 시즌2인 유럽 원정대 단원들과 펼쳐 보이며 처음 베트남 여정을 기획했던 순간이 떠올랐다. 지금까지의 시간들이 주마등처럼 지나가면서 문득 감개무량해졌다. 이러한 순간들이 모이고 모여 기회를 만들었고, 기회는 꼬리에 꼬리를 물고 아리랑 고개처럼 이어졌다. 세계일주를 마치고 귀국했을 때도 그랬지만 유럽 원정을 마치고 귀국했을 때는 더욱 다른 각오를 다지게 되었고 기대감은 더욱 커졌다.

'인생은 곱셈이다.'라는 말이 있다. 아무리 찬스가 와도 내가 제로라면 아무것도 아니다. 인생은 준비된 자에게 기회를 준다는 말을 백 번, 천 번 공감하게 된 시간들이었다.

4장

유랑단이 되어
세계를 누비다

꿈을 현실로 옮기는 과정은 만만치 않았다. 낯선 사람들에게 우리 문화를 알리면서

예상치 못한 상황과 맞닥뜨리기도 했다. 하지만 그 과정이 있었기에 우리는 반성하

고 성장할 수 있었다. '아리랑 유랑단'으로 우리는 쉬지 않고 세계를 달렸다.

01
국가대표 유니폼인
한복으로 무장하다

한복만 있으면 당신도 국가대표 패션모델이 될 수 있다.

3·1절에 고국을 떠난 아리랑 유랑단의 첫 행선지는 홍콩이었다. 우리는 여장을 풀자마자 첫 목적지인 홍콩대학교를 찾았다. 처음이라 어색했지만 베트남 여정 때의 교훈을 토대로 아리랑 스쿨을 수정·보완하여 선보였고, 학생들의 뜨거운 관심과 호응으로 무사히 마칠 수 있었다. 우리는 다양한 기관에서 아리랑 스쿨을 진행하는 것은 물론, 주요 관광지 스폿에서 길거리 공연을 선보이기도 했다. 매번 구름떼 같이 모여드는 관객의 모습 속에서 아리랑과 한국 문화에 대한 세계인의 뜨거운 관심과 가능성을 엿볼 수 있었다.

세계인들은 아리랑 스쿨과 길거리 아리랑 콘서트에 뜨거운 반응을 보여 주었다. 우리는 공연을 더욱 돋보이게 만들어 줄 필살 아이템으로 한복을 준비했다. 한복의 미를 알리는 '한복데이'를 자체적으로 기획하여 한복을 입고 주요 관광지를 방문하면서 한복의 미를 알리는 활동을 했다. 특별히 기억에 남는 몇 가지 에피소드가 있어 소개한다.

미스 인디아를 누른 아리랑 유랑단

우리의 두 번째 방문 국가인 인도에서는 인도의 상징이라고 불리는 타지마할에서 '한복데이'를 열기로 했다. 타지마할에 들어서자 흔한 인도의 거리에서는 볼 수 없는 깨끗한 정원과 아름답게 정돈된 건물들이 펼쳐졌다. 우리는 아름다운 한복을 차려입고 떨리는 마음으로 타지마할을 향해 성큼성큼 다가갔다. 그런데 우리의 앞길을 막는 복병이 있었으니 바로 타지마할을 방문한 관광객들이었다. 그들은 왜 우리를 막아서고 길을 비켜 주지 않은 것일까?

사실 이들은 비켜 주지 않은 것이 아니라, 우리의 한복에 지대한 관심을 보여 준 것이었다. 관광객들은 우리의 아름다운 한복을 보며 너 나 할 것 없이 사진을 찍자고 부탁했다. 다섯 걸음을 걷기가 무섭게 몰려드는 관광객들과 그들의 사진 요청에 우리는 타지마할을 코앞에 두고도 가까이 갈 수 없었다. 뜨거운 인도의 뙤약볕 아래에서 한복을 입고 걷는 것은 무척 힘들었고, 결국 대금 전공자인 정민이는 탈진 증세까지 보였다. 그러나 우리는 국가대표 축구선수가 된 것마냥 종료 휘슬이 울릴 때까지 정신력으로 무장하여, 우리를 찾아온 관광객들에게 특별한 추억을 남겨 주고자 투혼을 발휘

했다. 그렇게 우리는 힘들었지만 타지마할로 가는 한 발자국 한 발자국을 행복한 발걸음으로 이어 나갔다.

우리가 어느 정도 인기가 있었는지 인도인 가이드의 말을 통해 알 수 있었다.

"내가 10여 년간 가이드 생활을 하면서 이런 적이 딱 두 번 있었어요. 한 번은 미스 인디아가 방문했을 때, 나머지 한 번은 아리랑 유랑단이 한복을 입고 온 오늘이에요."

그러고는 우리가 미스 인디아를 누를 정도로 아름답고 멋있다며 자신의 일마냥 기뻐해 주었다. 도대체 우리의 인기는 어디서부터 온 것일까? 우리는 우리에게 사진을 찍자던 몇 사람과의 대화를 통해 그 궁금증을 해결할 수 있었다.

첫째, 타지마할을 방문한 사람 중에는 유독 이란인이 많았다. 타지마할을 건설한 사람이 이란의 건축가 우스타드 이샤(Ustad Isa)였기 때문이다. 그래서인지 이란인들이 성지순례처럼 타지마할을 방문했는데, 놀랍게도 이란에서 한국 드라마 〈주몽〉의 시청률이 80%를 육박할 정도로 인기가 많았던지라 우리의 한복이 〈주몽〉의 향수를 불러일으킨 듯했다. 드라마의 한류 열풍이 고스란히 우리에게로 이어진 것이다.

둘째, 인도는 인구수가 세계 2위인 12억 명에 육박하는데, 워낙 땅도 크고 인구가 많아서 내국인 관광객도 어마어마하다고 한다. 인도인들은 인도를 상징하는 타지마할을 보기 위해 전국에서

아리랑 유랑단의 한복은 세계 어느 곳에서도 주목을 받았다.

몰려온다. 외국인이 많지 않은 지방에서 오는 사람들에게는 한국에서 온 우리가 마냥 신기한 존재라는 것이다. 가이드는 자신들과 다른 생김새와 말투 그리고 무엇보다 어디에서나 쉽게 볼 수 없는 아름다운 빛깔의 한복을 입고 있으니 그들에게 우리는 영화배우나 어느 동화책에서 본 인형과도 같은 존재였을 거라고 설명해 주었다.

이러한 이유에서 우리는 타지마할에서 졸지에 미스 인디아를 누른 '한국에서 온 슈퍼스타'가 될 수 있었다. 한류와 아름다운 한복의 영향 탓인지 우리는 타지마할에서만큼은 슈퍼스타의 기분을 낼 수 있었다. 여자 단원들은 잠시나마 자신들이 미스코리아가 된 것 같은 기분을 느낀 시간이었다고 말할 정도였다.

한복은 입장 불가합니다!

반대로 한복이 항상 환영받은 것은 아니었다. 이집트 피라미드를 방문했을 때였다. 우리는 여느 국가에서처럼 한복을 곱게 차려입고 주요 관광지를 들어가는 '한복데이'를 열었다. 특별히 아리랑을 연주하고 영상으로 남기는 활동도 병행했다.

피라미드에서도 다를 바 없이 우리는 한복을 곱게 차려입고, 악기를 들고 피라미드로 들어가기 위해 순서를 기다리고 있었다. 그런데 갑자기 매표소 경비원이 우리를 막아 세우는 것이 아닌가. 이유는 간단했다. 우리가 들고 있는 것이 악기처럼 보이긴 하지만 이

것이 진정 악기라 해도 피라미드에 해를 입힐 수 있는 위험 요소가 될 수 있다는 것이었다. 어느 정도 수긍이 가는 부분이라 우리는 고민 끝에 연주를 포기한 뒤 한복을 입고 들어가는 것만으로 만족하기로 하고 다시 입장을 시도했다.

그런데 그들은 또다시 우리를 막아 세웠다. 당황한 표정을 감출 수 없던 내가 그 이유를 묻자 그는 이번에는 한복을 입고는 입장이 불가능하다는, 도무지 이해할 수 없는 말을 했다. 이번에는 절대 수긍할 수도, 물러설 수도 없었다. 우리를 에스코트해 준 이집트 아인샴스대학교의 학생도 이해할 수 없다고 말했다. 우리는 주의 사항에도 명시되어 있지 않은 부분이라며 항의해 보았지만 그들은 속수무책이었다.

그런데 때마침 이집트 전통복장을 입은 무리가 우리 옆을 지나 자연스럽게 입장하는 것이 보였다. 나는 그들을 가리키며 경비원에게 강력하게 항의했다.

"저 사람들은 전통복장을 입고 피라미드를 입장하는데 왜 우리는 먼 한국에서까지 전통복장을 입고 왔는데 입장이 불가한 것입니까?"

그러고는 당신들의 전통복장이 허용되듯 우리의 전통복장도 차별하지 말고 허락해 달라고 간청했다. 결국 그들도 두 손 두 발을 들고 우리의 입장을 허용해 주었다.

입장을 하자마자 우리를 맞이해 준 것은 매섭게 불어오는 사막바람이었다. 하지만 어렵게 한복을 입고 들어간 만큼 사막바람 따위는 문제가 되지 않았다. 어렵게 한복을 지켜 내서인지 한복을 입고 있는 것만으로도 사막바람이 금가루처럼 느껴질 정도로 행복했다. 그렇게 한복을 입고 걸으며 어느새 나는 곰곰이 생각에 빠져들었다. 나는 지금까지 한국에서도 한복을 제대로 입지 않았다. 우리의 옷이라고만 알고 있었고, 우리의 옷이라는 익숙함 때문에 한복의 소중함을 잊고 살아왔다. 지난날을 돌아보며 나의 편견과 일상적인 생각을 반성하는 시간을 가졌다.

샹젤리제에서 펼쳐진 한복 패션쇼

아리랑 유랑단 시즌2로 유럽 원정을 떠났을 때였다. 우리는 한복을 입고 파리 샹젤리제 거리를 거닐며 연주를 해 보는 것이 어떻겠느냐는 이야기를 나누었다. 그러고는 이 이야기를 바로 실행으로 옮겼다. 우리가 아리따운 한복을 입고 악기를 든 채 샹젤리제 거리에 나타나자 현장 반응은 폭발적이었다. 본격적으로 연주를 하며 거리를 거닐자 우리의 모습은 사뭇 피리 부는 사나이, 아니 피리 부는 아가씨들 같았다. 샹젤리제 개선문에서 시작된 퍼레이드(?)는 샹젤리제가 끝나는 지점까지 이어졌다. 우리를 처음부터 끝까지 쫓아오는 사람들이 있을 정도로 폭발적인 반응을 이끌었다. 그 순간만큼은 세계적인 패션모델도 부럽지 않았다.

이외에도 우리가 길거리 공연을 할 때면 현지인들이 찾아와 도

대체 이 옷을 어디서 살 수 있느냐며 문의하기도 했다. 우리는 친절하게 인근 한국문화원과 온라인 사이트를 소개해 주었고, 이때만큼은 아리랑 유랑단이 아닌 한복 유랑단이 되어 전 세계인들에게 한복의 미를 알리는 시간을 가졌다.

나는 많은 사람으로부터 한국문화를 어떻게 알리는 것이 좋은지 질문을 받곤 한다. 이때 나는 주저하지 않고 한복을 추천하며 아무 재능이 없을지라도 아름다운 한복만 입고 있으면 누구나 대한민국의 국가대표 패션모델이 되는 놀라운 경험을 할 수 있을 거라고 대답한다.

02
아플 때는 당황하지 말고 현지에서 답을 찾아라

인도에서 피를 토하고 볼리비아에서 고산병을 극복하다.

세계여행을 하다 보면 별의별 병이 여행자들을 괴롭힌다. 예방 접종을 했지만 물갈이, 고산병, 벌레 등이 보란 듯이 우리를 괴롭혔다. 아리랑 유랑단도 전 세계를 누비는 동안 다양한 병으로 인해 고생이 이만저만이 아니었다. 특히 가장 건강해야 할 단장인 나는 '병'의 선봉에 서 있었다. 그도 그럴 것이 육체적인 스트레스뿐 아니라 단원들의 안전과 기관 컨택, 국내에 보도자료를 발송하는 것까지 몸이 열 개라도 모자랄 정도로 일거수일투족을 신경 써야 하는 정신적 스트레스까지 겪어야 했기 때문이다.

세계일주를 하며 두 번째 국가인 인도에 도착했을 때였다. 공항에서부터 픽업해 주기로 한 숙소 드라이버가 아닌 거머리처럼 들러붙는 호객꾼에게 속아 다른 숙소로 납치를 당할 뻔했다. 도착하

117일 동안 우리 모두 조금씩 아프기도 했지만 팀원의 배려와 주변의 도움 덕분에
건강도 되찾고 여정도 무사히 마칠 수 있었다.

자마자 이런 일이 벌어져서 인도에 대한 느낌이 좋지 않았다. 우여곡절 끝에 픽업 기사를 찾아 숙소로 이동할 때에도 차창 밖에서 들어오는 매연으로 인해 눈에서 눈물이 나올 지경이었다.

며칠이 지나자 인도 생활도 적응이 되어 갔다. 델리대학교 아리랑 스쿨도 무사히 마친 우리는 델리에서는 네루대학교 활동만이 남아 있었다. 네루대학교에 도착하여 한국어과 현지 교수님을 뵙고 함께 식사를 하게 되었다. 카레를 주문하여 식사를 시작하려는데, 점잖은 교수님께서 갑자기 손으로 현란한 드리블을 펼치며 카레를 드시기 시작했다. 순간 머릿속이 복잡해졌다. 나도 손으로 먹어야 하는 것인지, 아님 그대로 수저를 써서 먹어야 하는 것인지 고민하지 않을 수 없었다. 고민 끝에 나는 수저를 들고 인도 특유의 향신료 향이 강한, 입맛에도 맞지 않은 카레를 끝까지 먹었다.

식사를 마친 우리는 네루대학교 광장에서 아리랑 콘서트를 진행했다. 행사를 진행하는 동안 너무 큰 부담이 나를 엄습했다. 이런 행사를 앞으로도 수없이 진행해야 하고 단장으로서 단원들을 이끌고 세계일주 고개를 무사히 넘어야 하는 것에 대한 책임감과 중압감이 밀려왔다. 하지만 매번 그래 왔듯이 단원들의 멋진 공연과 사인회를 통해 아리랑 콘서트를 성공적으로 마쳤다. 현지의 네루대학교 학생과 교수님께 감사 인사를 드리고 교수님이 가까운 위치에 있다며 추천해 준 승전탑 '꾸뜹미나르'로 향했다.

문제는 꾸뜹미나르로 향하는 차 안에서 일어났다. 속이 계속 울렁거리더니 메스꺼운 증상이 이어졌다. 차멀미를 하는 것 같아서 꾸뜹미나르에 도착하자마자 티켓을 구매하고 입구에서 대기하기로 했다. 그런데 속이 나아질 기미가 보이지 않았고, 결국 구토를 했다. 숙소로 이동하는 차 안에서도, 숙소에서도 증상이 나아지지 않았다. 이제 구토할 것도 없다고 생각하던 찰나, 또 한 번의 구토가 이어졌다. 그런데 이번에는 지난 구토와는 차원이 달랐다. 선홍빛의 피를 토한 것이다. 이렇게 죽는 구나 싶었다. 그 순간 우리를 후원해 주신 많은 분과 나를 믿고 함께하고 있는 단원들에 대한 걱정이 앞섰다.

피를 토한 것에 이어 물갈이까지 이어져 몸 상태가 말이 아니었다. 맏형인 준영이 형은 걱정이 컸던 나머지 뭔가를 검색하는가 싶더니 이내 숙소를 박차고 나갔다. 그리고 얼마 후, 어디에서 구해 왔는지 준영이 형의 손에는 우리나라 죽과 약 봉투가 가득 들려 있었다. 알고 보니 한식당을 알아내 죽을 주문해 온 것이었다. 약은 현지의 한식당 사장님께 문의하여 구했는데, 사장님께서 이렇게 말씀하셨다고 한다.

"인도에서 걸린 병은, 인도의 약을 쓰세요."

언어도 통하지 않던 준영이 형은 현지 약국에 가서 구토를 하고 물갈이를 하는 보디랭귀지를 하며 약을 구해 왔다고 한다. 단원들의 지극정성이 밤낮 없이 이어졌다. 단원들의 정성 때문인지 나는 이틀도 안 되어서 완쾌했다.

서예와 함께 단소 연주까지 현지인들이 직접 우리의 문화를 체험해 볼 수 있어 더욱 뜻깊었다.

페루에서도 마찬가지였다. 안데스 산맥의 해발 3,399m에 위치한 쿠스코에 도착했을 때만 해도 멍멍한 감은 있었지만 문제는 없었다. 참을 만하다며 우쭐대고 숙소에 도착하여 여장을 풀고 저녁 식사를 하러 갈 때였다. 멍멍한 감이 계속 이어지고 두통이 오기 시작했다. 단순히 피곤해서 그런 것이라 생각했는데, 우리가 우려하던 고산병이 원인이었다.

나는 일단 한국에서 준비해 간 두통약을 먹었다. 그런데 도통 나아질 기미가 보이지 않았고, 시간이 갈수록 두통은 더욱 심해졌다. 망설임 없이 약을 한 알 더 먹었지만 고통은 여전했다. 잠을 자면 나아질까 싶어 겨우 잠을 잤는데, 다음날이 되어도 멍멍한 느낌은 여전했다.

결국 호스텔 직원을 찾아가 문의했다. 그는 한두 번 겪은 일이 아니라는 듯 대수롭지 않게 뭔가를 건네 주었다. 자세히 살펴보니 코카 잎이었다. 코카 잎에서 알카로이드를 추출하여 마약의 일종인 코카인을 만들지만, 남미 현지에서는 코카 잎을 마약이 아닌 두통, 배고픔, 추위, 신경안정 등을 치유하는 약초의 개념으로 사용했다. 호스텔 직원은 코카 잎을 입에 넣고 오물거리거나 코카 잎으로 우린 차를 마시면 고산병이 한결 나아질 것이라고 했다. 아니나 다를까 코카 잎을 오물거리고 차 한 잔을 마시니 신기하게도 두통이 서서히 나아졌다. 두통약을 두 알이나 먹어도 낫지 않던 것이 코카 잎 하나로 금세 해결되었다.

로마에서는 로마법을 따르라는 말처럼, 외국에서는 그곳의 약이 더 잘 드는 경우가 많다. 물론 기본적인 비상약품이나 지병이 있는 경우 개인 상비약을 챙겨 가야겠지만, 현지에서는 현지인의 도움을 받는 것이 더 효과적일 수 있다.

긴 여정을 위해서는 건강이 필수이다. 육체적·정신적 긴장감이나 현지 상황에 따른 건강 문제가 생긴다면 지체 없이 주위에 도움을 청해 보라. 그들의 배려와 보살핌, 도움이 몸은 물론 마음까지 따뜻하고 건강하게 만들어 줄 것이다. 우리의 여정에서도 예상치 못한 상황이 많이 발생했지만 그때마다 팀원들의 걱정, 배려와 더불어 현지의 도움이 있었기에 잘 이겨 낼 수 있었다.

범죄의 위험 속에서
의연함을 갖고 대처하라

'자나 깨나 소매치기 조심'의 교훈을 얻다.

아르헨티나의 경제위기는 생각보다 심각했다. 곳곳에서 정부에 대한 시위가 진행되고 있었고, 현지인들은 소매치기에 대비하여 자신의 가방을 아기를 안듯 앞으로 끌어안고 다녔다. 이과수 폭포에서부터 부에노스아이레스까지 스무 시간 동안 버스로 이동하여 도착한 아르헨티나는 로망 속의 나라가 아니었다. 터미널부터 이어지는 공사로 인해 도로 상태가 좋지 않았다. 조금 과장하자면 인도 델리역 앞 거리와 비슷한 느낌이었다.

한국문화원과의 미팅이 있던 우리는 지하철을 이용해 이동하기로 했다. 문제는 이때 발생했다. 이른 시간은 아니었지만 한국보다 폭이 좁은 지하철은 이미 승객들로 가득 차 있었고, 우리는 어영부영 밀려서 탑승했다. 내려야 할 역을 단원들에게 재차 공지하고 서

로에게 눈을 떼지 말라고 당부하고 또 당부했다. 그러고는 가장 중
요한 소매치기를 방지하기 위해 외투 주머니의 지퍼를 올리고 소
매치기를 조심하라고 전달했다. 주변을 둘러보니 다행히 위험 인
물로 보이는 사람이 없었다. 어디까지나 외견상으론 말이다.

내 앞에는 점잖아 보이는 어르신이 서 있어서 더욱 안심이 되었
다. 그런데 그 옆에 서 있는 사람이 계속 신경 쓰였다. 얼굴에 피어
싱이 가득한 여성이었는데, 전혀 어울리지 않게 어르신과 이 여성
이 계속 눈을 마주치며 신호를 보내는 듯한 느낌이 들었다. 하지만
내가 너무 예민한 것이라 생각하고 대수롭지 않게 여겼다. 그런데
뭔지 모를 싸한 느낌이 들기 시작했다. 곧바로 주머니를 확인해 보
니 분명 지하철을 탈 때까지만 해도 굳게 닫혀 있던 지퍼가 열려 있
었고, 주머니 속의 휴대폰이 감쪽같이 사라졌다. 그토록 걱정한 소
매치기를 당한 것이다. 때마침 지하철은 역사에 들어왔고 문이 열
렸다.

용의자는 두 명으로 압축되었다. 바로 내 앞에 있던 어르신과 피
어싱으로 가득한 젊은 여성이다. 하지만 그들은 이미 눈앞에서 사
라지고 없었다. 나는 다짜고짜 지하철에서 내렸다. 갑작스러운 상
황에 당황한 단원들에게 휴대폰이 사라졌다고 알리고 다음 역에서
대기하라고 소리쳤다. 그러고는 용의자 2명을 쫓기 시작했다.

다행히 에스컬레이터에 몸을 실은 어르신의 뒷모습이 보였다.
나는 옆 계단을 타고 그를 앞질러 에스컬레이터에서 내리려는 그

간혹 맞닥뜨리는 아찔한 경험은
시간이 지나면 색다른 추억(?)으로 기억된다.

를 붙잡았다. 그리고 내 휴대폰이 어디 있느냐며 몸짓 발짓으로 독촉했다. 그는 무슨 소리냐며 잡아떼기 시작했고 그렇게 실랑이가 계속 이어졌다. 그런데 어디선가 슈퍼맨이 나타났다. 그는 자초지종도 물어보지 않고 어르신의 목덜미를 잡아채 화장실로 끌고 갔다. 슈퍼맨의 정체는 지하철 경찰이었다. 아무래도 아르헨티나의 경제 상황이 좋지 않다 보니 이런 일이 비일비재하겠지만 이를 대처하는 방법이 사뭇 극단적으로 보이기까지 했다. 하지만 나는 앞뒤 재지 않고 지하철 경찰과 함께 화장실로 향했다.

화장실에 가자마자 경찰에게 자초지종을 설명하니 그는 어르신의 가방을 뒤지기 시작했다. 그런데 어르신의 가방에서는 가방을 부풀려 보이게 하기 위해 넣어 놓은 듯한 구겨진 신문지와 주인 없는 휴대폰 케이스만 나왔다. 증거는 없었지만 정황은 분명했다. 그 순간, 어르신은 한두 번이 아닌 것 같은 솜씨로 팬티만 남기고 옷을 다 벗기 시작했다. 당연히 내 휴대폰은 어디에서도 나오지 않았다. 증거가 없었기에 그를 보내야만 하는 상황이었다. 경찰도 나도 어찌할 방도가 없이 그를 돌려보냈다. 경찰은 나에게 다가와 어르신과 같이 있던 누군가가 분명히 있었을 텐데, 소매치기를 한 뒤에 그에게 휴대폰을 전달하고 그 사람은 도망가는 방법을 쓴 것 같다고 했다. 용의자로 추정되었던 피어싱이 가득한 그 여성이 결국 한패였던 것이다.

우여곡절 끝에 단원들을 다시 만난 나는 차마 죽는 소리를 할 수 없었다. 가급적이면 아무렇지 않은 척 노력했다. 단원들을 만나 빠르게 단원의 휴대폰을 이용해 국제전화로 분실신고를 완료했고, 휴대폰 보험 규정에 따라 보상을 받기 위해 현지 경찰서에 가서 폴리스 리포트를 받아야 했다. 문화원으로 가는 일정 중에 생긴 일이어서 한국문화원에 도착하자마자 이 사실을 알렸고, 인턴 직원인 서원 씨의 도움으로 현지 경찰서에 방문할 수 있었다.

경찰서에 가면 모든 일이 잘 풀릴 것이라 생각했다. 그런데 큰 오산이었다. 한 번이면 될 경찰서 방문을 3번이나 하게 되었다. 이들의 행정 처리는 상당히 아마추어적이었다. 여권이 없어도 된다는 행정 직원의 말을 곧이곧대로 믿고 3시간을 기다렸는데, 막상 처리를 하는 경찰을 만나니 여권이 왜 없느냐며 10초도 안 되어 우리를 돌려보냈다. 두 번째로 방문했을 때는 여권을 지참하여 기필코 폴리스 리포트를 받아 내고자 했지만 이번에는 행정 시스템이 모두 다운되어 처리해 줄 수 없다는 답변을 받았다. 나는 경찰서 방문만으로 아르헨티나에서의 시간을 계속 허비해야 했다.

드디어 3번째 방문. 이번에는 다행히 여권도 챙겼고 시스템도 문제가 없다고 했다. 경찰은 우리에게 자초지종을 묻고 몇 가지 질문을 하는 5분 만에 폴리스 리포트를 작성해 주었다. 5분 만에 작성할 수 있는 한 장의 서류를 받기 위해 몇 날 며칠을 허비했다는 것이 너무 답답했다. 휴대폰을 소매치기한 어르신보다 아르헨티나 경찰관들이 더욱 얄궂게 느껴졌다. 그러면서도 내가 참을 수 있

었던 것은 '죄를 미워하되 사람은 미워하지 말라.'라는 말처럼 죄를
미워하되 죄를 신고 받지 않는 경찰관을 미워하지 말라는 말을 계
속 되뇌었기 때문이다.

　결국 나는 폴리스 리포트를 받아 국내에서 무사히 휴대폰 보험
처리를 받을 수 있었다. 하지만 아직도 그때를 생각하면 뒷목이 서
늘하다. 이런 크고 작은 해프닝을 통해 나는 차근차근 깨달음을 얻
었다. 상황을 직시하고 언제 벌어질지 모르는 사고를 대비하는 시
각, 위기의 순간 뒤의 대처법 등 여정을 이어 가는 데 있어서 꼭 필
요한 덕목들을 배워 갈 수 있었다.

공항에서 장구의 속살을 보여 주다

공항에서 벌어지는 수많은 에피소드에 울고 웃다.

　가장 큰 사건 사고가 있었던 장소를 뽑자면 사람들이 붐비는 유명 관광지도, 아리랑 스쿨이 열리는 학교도 아닌 바로 국가와 국가의 관문 역할을 하는 공항이었다. 아리랑 세계일주의 마지막 여정지인 LA에 도착했을 때였다. 여느 때처럼 우리는 비행기에서 내려 짐을 찾으러 갔는데, 컨베이어 벨트를 통해 멀쩡히 들어오는 다른 짐들과 달리 하나의 짐만 유달리 처참히 변해 있었다. 그것은 바로 동국이가 애지중지하는 장구 가방이었다. 항상 위풍당당하던 장구의 모양이 아닌 납작해져서 형체를 알아볼 수 없을 정도였다.

　우리는 떨리는 마음으로 장구 가방을 열었다. 아니나 다를까 장구는 산산조각이 나서 속살을 비추고 있었다. 아무래도 어떤 큰 무게에 의해 부서진 듯했다. 이런 사태에 대비하여 동국이는 쿠셔닝

이 잘된 장구 가방을 자체 주문하여 제작했고, 14개국을 넘어 마지막 행선지까지 아무런 문제가 없었는데, 어처구니없게도 마지막 국가, 마지막 도시에서 이런 일이 벌어진 것이다.

우리는 부서진 장구를 애도하며 처참해진 장구를 들고 항공사 안내센터로 찾아갔다. 창구에는 우리와 같은 문제로 찾아온 사람들이 한두 명이 아니었다. 안내센터에서 하염없이 기다리던 우리는 우리 차례가 되자, 처참한 장구를 직원에게 보여 주며 하소연했다. 근처에서 우리를 지켜보던 손님들도 고개를 절레절레 흔들며 안타깝다는 표정을 지었다.

하지만 항공사 직원들의 표정은 냉담했다. 그들은 망가진 장구를 보는 척 마는 척 하더니 장구 케이스를 보자고 했다. 우리는 한국에서 자체 주문하여 튼튼하다고 말하며 장구 케이스를 보여 주었는데, 반응은 역시나 냉소적이었다. 그러고는 당황스러운 답변을 던져 주었다. 자기네 항공사 규정상 하드케이스가 아닐 경우 짐이 파손됐을 때 어떠한 보상도 해 줄 수 없다는 아주 간단하고 짧은 답변이었다. 울화통이 치밀었지만 규정을 운운하기에 할 말을 잃었다. 그래서 한발 물러나 다른 방법이 없겠느냐고 하자, 양식이 있으니 이것만 적고 가라며 종이 한 장을 던져 주었다. 그러고는 본사에서 검토한 후에 보상이 가능하면 연락해 주겠다고 했다. 하지만 1년이 지난 지금까지도 연락이 없다.

불행 중 다행으로 LA는 아리랑 세계일주의 마지막 도시였고, 현

©박준영

지 LA한국문화원에 장구가 있어 대여할 수 있었다. 그리고 동국이가 기적적으로 파손된 장구를 본드로 붙이는 투혼을 보여 주어 LA 공연을 무사히 마칠 수 있었다. 여정 초반에 이런 문제가 터졌다면 정말 아찔할 뻔했다. 짐이 파손됐을 때는 하소연해 봤자 어쩔 도리가 없다는 것을 깨우치게 되었다. 그 뒤로 짐의 파손에 관해서는 본인이 더 신경 써서 챙겨야 함을 매번 강조했다. 간수를 더욱 잘하고 튼튼한 가방으로 무장시키는 수밖에 없다.

이렇듯 공항에서는 사고가 비일비재했다. 비단 짐이 파손된 경우만 있었던 것은 아니다. 짐이 파손되기는커녕 주인을 찾아오지 않는 경우도 있었다. 유럽 원정대로 런던에 도착했을 때였다. 단원들과 방송 스태프들의 짐은 무사히 도착했는데 내 짐만 컨베이어 벨트가 멈출 때까지 나오지 않았다. 안내센터에 문의한 결과, 한국에서는 제대로 실렸는데 보이지 않는 것으로 보아 공항 어딘가에 있을 거라는 말뿐이었다. 내 짐 하나 때문에 모두가 기다릴 수는 없었기에 그들이 준 양식을 작성하고 일단 숙소로 향했다.

숙소에 도착하자마자 민박집 사장님께 말씀 드렸더니 이런 경우가 비일비재하니 걱정하지 말라며 처리를 약속해 주셨다. 어쩔 수 없이 나는 입고 온 옷으로 버텨야 했다. 그로부터 3일이 지나고 나서야 공항으로부터 짐을 돌려받아 단벌신사에서 벗어날 수 있었다. 이때 가장 중요한 점은 그들이 계속 신경 쓸 수 있게 여러 차례 전화를 하면서 더블 체킹하는 것이다. 매일같이 그들에게 전화하여 닦달을 해야만 해결된다. 마냥 기다리는 수동적 자세가 아닌 능동적인 자세가 중요한 대목이다.

공항에서는 이외에도 많은 일이 벌어진다. 대금의 경우 짐으로 보내기에는 위험 요소가 많아 기내 짐으로 들고 타야 하는데, 매번 검색대에서 무기로 오인받아 항공사 직원들에게 확인받아야 했다. 그럴 때마다 공항에서 즉석 게릴라 아리랑 콘서트를 열어 대금을 연주하고 악기임을 확인시켜 주었다.

특히 생황의 경우에는 화포로 오해받는 경우가 많았는데, 이때는 사운드가 화려한 생황을 살짝 연주해 주면 상황이 종료되었다. 연주를 들은 공항 직원들은 의심을 거두고 환희에 찬 눈빛으로 우리를 바라보았다. 항상 똑같은 일상을 반복하던 공항 직원들에게는 이만 한 힐링의 시간이 또 있으랴? 국악기를 연주해 주는 것은 연주자에게는 귀찮은 일일 수 있지만 한편으로 그들의 표정을 보면 즐거웠다. 이렇듯 공항은 사건 사고의 큰 중심이기도 했으나 언제부터인가 우리가 아리랑 세계일주 고개를 넘는 데 있어 우리의 가장 편안하고 안락한 놀이터가 되어 주었다.

05
결국 우리는
모두가 리더이다

책임과 부담이 아닌 배려와 이해의 리더로 성장하다.

　누구나 살아가면서 한 번쯤은 리더의 자리에 오르게 마련이다. 학급 반장이 될 수도 있고, 집안의 가장이 될 수도 있고, 크고 작은 모임의 리더가 될 수도 있다. 나는 다양한 대외 활동을 하며 리더라는 자리를 맡았고 그 안에서 많은 것을 배웠다. 하지만 가장 많은 것을 배울 수 있었던 때가 바로 세계일주와 유럽 원정에서였다.

　세계일주를 갔을 때는 3명의 여자 단원과 한 살 터울의 형, 남동생을 이끌고 가야 했다. 아무리 단장이라지만 세계일주는 처음인지라 이것저것 신경 쓰였다. 인도에서는 리더라는 책임감과 중압감에 피를 토하면서 앞으로의 세계일주 고개를 넘는 것이 두렵게 느껴지기도 했다. 하지만 때론 책임감이 사람을 단단한 정신력으로 무장시켜 준다는 것을 알게 되었다. 예능 프로그램인 〈꽃보다 할배〉에서도 리더라는 자리가 주어지면 할배들이 180도 다른 모습을 보여 주었다. 이순재 선생님은 리더가 되자마자 13시간의 비행 시간 동안 한숨도 자지 않고 숙소까지의 이동 방법과 현지어 표현 그리고 일정에 대해 공부했다. 신구 선생님도 마찬가지였다. 항상 묵묵히 배우 이서진의 뒤를 쫓았지만 리더가 된 뒤에는 가장 앞장서서 이곳저곳에 문의를 하고 결국 무사히 숙소까지 인도하는 리더십을 보여 주었다. 이렇듯 리더라는 책임감은 사람을 단단한 정신력으로 무장시켜 주어 그를 따르는 사람들에게 큰 힘을 주는 역할을 수행한다.

나의 가장 큰 걱정은 앞서 소개했던 것처럼 공항에서부터 숙소까지의 이동이었다. 〈꽃보다 할배〉의 이순재 선생님처럼 비행기 안에서 불철주야 현지 코스와 일정을 시뮬레이션하느라 제대로 잠을 자지 못했다. 노트북을 활용하여 공항에서 내려서부터 환전, 이동편, 숙소까지의 이동 방법 등 작은 부분까지도 세세하게 체크하며 시뮬레이션해 보았다. 나 하나만 고생하면 나머지 단원이 편할 수 있기에 노력을 멈출 수 없었다. 내가 허둥지둥한다면 모두가 피곤하고 결국 각자의 위치에서 해야 할 일을 놓칠 수 있었다. 그런 생각들을 통해 책임감으로 더욱 무장했고, 리더십이라는 것을 다시금 배우게 되었다.

그런데 세계일주 초창기 때 경험 부족으로 인해 간과한 부분이 있었다. 바로 예술인들과의 대화였다. 예술의 '예'자도 모르는 평범

Ⓒ박준영

한 대학생이 10여 년간 예술인으로 살아온 이들을 이끌고 가는 데는 부족함이 많았다. 그래서 잦은 말실수로 그들의 마음을 상하게 하기도 했다. 그런데 이런 문제를 '대화'가 해결해 주었다. 나는 예술단원들과 충분한 대화를 나눔으로써 나의 부족한 부분들을 듣고 고치며 새로운 것을 배워 나갈 수 있었다.

대화의 시간은 군대에서 배웠던 '일일결산'을 모티브로 하여 따온 것이다. 일일결산이란 매일 밤마다 하루를 보내며 우리가 느낀 점, 좋았던 점, 나빴던 점, 칭찬 등의 순서로 이야기를 공유하고 나누는 시간인데, 그 시간을 통해 서로 많은 부분을 반성하고 발전시켜 나갈 수 있었다. 피곤하다고 일일결산을 미룬 다음날에는 반드시 문제가 발생했다. 서로 간의 대화와 소통이 없으면 쉽게 해결될 수 있는 부분도 더욱 응어리져 오해를 불러일으키게 된다는 것을 잘 알기에 유럽 원정 때는 아무리 피곤해도 매일 거르지 않고 대화의 시간을 가졌다.

리더는 참 고독하고 외롭고 미안한 존재이다. '왕관을 쓰려는 자, 그 무게를 견뎌라.'라는 말처럼 그 무게가 무척 무거웠지만 그것을 견뎌 내야만 진정한 리더가 될 수 있기에 견디고 또 견뎠다. 그러나 한편으로는 리더의 무게를 덜어 주는 단원들이 있어 그 무게가 그리 무겁지만은 않았다. 나는 항상 나를 자책하며 단원들에게 미안하다는 말을 버릇처럼 했다. 그러다 보니 마음속에 병이 자라고 또 자랐다.

시간이 지나 이런 마음의 병을 치유받은 일이 있었다. 유럽 원정을 떠났을 때 원래대로라면 목표한 행선지가 맞는데 길을 잘못 들었는지 헤매게 되었다. 그때도 버릇처럼 단원들에게 미안하다는 말을 연발했다. 그런데 한국 무용을 전공하는 규빈이가 어깨를 토닥이며 매번 이럴 때마다 자책하는 모습을 보이는 것이 오히려 자신들을 더 힘들게 한다며 괜찮다고 말해 주었다. 그 한마디가 정말 큰 힘이 되었다.

세계일주 당시에도 비슷한 일이 있었다. 날짜를 제대로 체크하지 않은 탓에 스페인-영국 간의 비행기를 놓치고 말았다. 이때도 나는 미안하다는 말을 쏟아 냈다. 하지만 단원들은 괜찮다며 오히려 나를 토닥여 주었다. "괜찮다. 잘하고 있다." 이 한마디가 얼마나 고맙고, 힘이 되었는지 모른다. 왕관을 쓰려는 자에게 그 무게를 줄여 주는 단원들의 이해심과 응원이 있기에 왕관이 생각보다 가벼워질 수 있다는 것을 배우고 또 배웠다. 리더로서 나는 여태 큰 오해를 하고 있었다. 나를 따르는 단원들은 적이 아니다. 리더를 따르는 단원들의 사려심을 과소평가하지 말자.

또한 리더에게 있어 무언가를 선택해야 하는 상황은 항상 어려운 문제였다. 세계일주를 하며 페루 쿠스코에 도착했을 때였다. 쿠스코는 잉카 유적으로 알려진 태양의 도시 마추픽추를 가기 위해 찾았다. 하지만 마지막 두 국가를 남겨 둔 시점에서 예산은 갈수록 빠듯해져만 가고 있었기에 마추픽추를 가는 것이 자칫 무리가 될 수 있었다. 그래도 여기까지 온 이상 마추픽추에서 한복을 곱게 차려입고 '아리랑'을 불러 보고 싶었다. 그런데 비용이 생각보다 많이 들었고 기차표도 이미 매진되어 쿠스코에서 하루를 더 보내야만 갈 수 있는 상황이었다. 어려운 선택의 순간이 찾아왔다. 시간과 비용은 물론 단원들의 체력적인 안배까지 고려하면 포기하는 것이 맞았다. 하지만 여기까지 왔는데 마추픽추를 가지 못하면 단원들이 아쉬워할 것만 같았다.

무리를 해서라도 가자고 마음먹은 순간, 단원들이 오히려 포기하자고 말해 주었다. 시간과 체력을 모두 고려했을 때 선택과 집중이 필요한 순간이라며 다음 행선지를 위해 포기하자고 했다. 단원들의 이야기를 들으며 생각했다. 나는 지금까지 왜 혼자 다 짊어지려고 했을까? 이들은 한 가족이었고, 나 혼자만의 걱정이 아닌 단원 모두의 걱정이었는데 말이다. 나의 고민은 곧 그들의 고민이었고, 우리는 한 가족이기에 선택의 순간도 똑같은 무게였을 것이다.

우리는 비록 마추픽추를 포기했지만 서로 책임의 무게가 같다는 것을 공유하며 더욱 단단해졌다. 카리스마 넘치고 무슨 일에서든 앞장서며 걱정거리 앞에서 단원들에게 전혀 내색하지 않는 리더가 되고자 했던 나의 생각은 사려 깊은 단원들 덕분에 바뀔 수 있었다. 우리는 한 가족이고 한 팀이다. 결국 우리는 모두가 리더였다.

06

전생의 업보가 되어 버린
짐과 여행하다

여행의 8할은 이동이라 해도 과언이 아니다.

여행을 하면서 무엇보다 이동의 고단함을 가장 많이 느꼈다. 이동에 관해 이야기하자면 책 한 권이 모자랄 정도이니 어느 정도일지 감이 올 것이다. 이동을 할 때 길게는 버스를 타고 20여 시간을 이동해야 한 적도 있고, 적게는 십여 분간의 이동만으로 모두가 녹초가 되기도 했다. 남미에서는 저가항공보다는 버스로 이동을 해야 하는 경우가 많았는데 십여 시간 이동은 기본이었다.

볼리비아는 우리를 이동으로부터 가장 힘들게 한 나라이다. 페루에서 육로로 국경을 이동했던 우리는 페루에서 받은 비자를 보여 주고 수 시간의 검문을 받고 나서야 볼리비아로 입성할 수 있었다. 여기까지는 약과였다. 우리는 국경에서부터 수도 라파즈까지 이동하며 수차례의 경찰 검문을 받아야 했다. 매번 버스를 세우고

이동 때마다 각자가 3~4개의 짐을 들어야 했지만 서로가 함께했기에
얼굴 찌푸리지 않고 웃으며 나아갈 수 있었다.

우리의 짐을 검사받아야 해서 몸도 마음도 계속 지쳐만 갔다.

볼리비아에서의 고생은 여기서 끝나지 않았다. 라파즈에 도착한 다음날에는 우유니 소금사막까지 야간버스를 타고 이동했는데, 남미에서 가장 가난한 나라로 알려진 것처럼 가로등 하나 없는 비포장도로를 달빛에 의존하며 달리는 위험천만한 로드 트립을 해야만 했다. 하지만 당장에라도 떨어질 것 같은 아름다운 별들의 호위를 받으며 안전하게 목적지에 도착할 수 있었다. 어둠보다 우리를 더욱 위험하게 만든 것은 추위였다. 우리는 밤새 한복을 온몸에 휘감고 인생 일대의 추위와 싸워야 했다. 험난한 이동 덕분에 우리는 숙소에 도착하여 세상이 두 쪽 나도 모르게 곯아떨어졌다.

이동 중에 꽤 위험한 순간도 있었다. 영국에서부터 남미의 관문 브라질 리우에 도착했을 때의 일이다. 십여 시간의 비행 끝에 브라질에 도착하니 이미 밤 11시가 넘어 있었다. 미리 환전을 해 두어야 했기에 ATM기를 찾아 환전을 완료하고 단원들과 함께 미리 알아둔 숙소까지의 이동편인 공항버스를 찾아 나섰다. 계속 길이 헷갈려 답답해하던 중에 공항 직원으로 보이는 사람에게 버스 번호와 정류장 위치를 물었다. 그러나 그는 지금 나가는 것은 위험하다며 차라리 날이 밝은 뒤에 떠나라고 권하였다. 하지만 이미 몸은 천근만근이었고 다음 날 일정을 소화해야 했기에 숙소로 가는 것이 급선무였다.

우리는 어렵사리 정류장을 찾아 버스에 탑승했다. 단원들은 탑승과 동시에 곯아떨어졌지만 나는 바깥 풍경을 보며 긴장의 끈을 놓지 않았다. 막상 리우 시내에 내리니 공항 직원이 왜 우리를 말려 세웠는지 알 수 있었다. 도심임에도 현지인들이 거의 보이지 않았다. 이유인즉 현지인들조차 밤이 조심스러운 것이었다. 가까운 정류장에 도착한 우리는 멀리 코르코도바산의 예수상을 바라보며 별일이 일어나지 않게 해 달라고 기도했고, 빛의 속도로 숙소를 찾아 들어갔다.

이동 중에 심신을 힘들게 만든 것 중에는 변덕스러운 날씨도 한몫했다. 스페인 한국문화원에서 아리랑 스쿨을 마친 우리는 다음 행선지인 바르셀로나로 이동했다. 바르셀로나에 도착할 때쯤 날씨가 어둑해졌고, 터미널에 내리니 비가 억수같이 쏟아지기 시작했다. 미리 조사해 간 구글 지도를 봤을 때는 숙소와 터미널의 거리가 꽤 가까웠다. 터미널에서 대기하던 것도 잠시, 비가 소강 상태를 보이자 우리는 빠른 속도로 숙소로 이동했다. 그런데 다시 비가 억수같이 내리더니 우리의 단체복이 금세 축축하게 젖어 버리고 말았다. 장구 가방이며, 모든 짐이 비에 젖었다. 수십 분을 걸었을까. 이내 숙소에 도착한 우리는 여장을 풀고 모든 짐을 말리려 걸어 놓았다. 다행히 바르셀로나의 숙소는 아파트였기에 세탁기가 있었고, 방도 3개나 있어서 안락한 숙소 생활을 할 수 있었다.

마지막으로 이동의 꽃은 바로 짐이다. 아리랑 유랑단의 경우 한 명당 3~4개씩의 짐을 들고 다닌다. 70L짜리 백팩과 개인 가방 그리고 엑스배너와 악기 가방까지. 그러다 보니 이동이 힘들지 않을 래야 않을 수 없었다. 유랑단이라는 타이틀처럼 청춘의 힘찬 발걸음으로 아리랑 고개를 넘으려 했기에 가끔씩 이용하는 택시나 밴을 제외하고는 되도록 걸으려 노력했다. 그렇기 때문에 엄청난 짐을 들고 대중교통을 이용하는 경우가 허다했다. 그런 상황 속에서도 묵묵히 우리가 책임져야 할 짐들을 챙기고, 아리랑 고개를 넘으며 정신적으로나 육체적으로나 얻은 것이 참 많았다. 특히 어른들이 자주 말씀하시는 부분을 공감할 수 있었는데 '짐은 전생의 업보이다.'라는 말과 함께 '젊을 때 고생은 사서도 한다.'라는 말에 누구보다 공감할 수 있었다.

여행에는 언제나 이동의 순간이 있다. 그 이동의 순간이 있기에 새로운 풍경을 만나고 목적지를 찾을 수 있는 것이다. 아리랑 유랑단의 이동에도 다양한 에피소드가 있다. 그리고 그 에피소드에는 우리의 땀과 열정, 노력이 함께했다. 세계일주 동안 수많은 풍경과 사람을 만났지만 이동할 때, 짐을 한가득 든 채 앞만 보며 걷는 걸음에서 더욱 끈끈한 정이 느껴졌다.

한국인은 밥심,
세계의 맛을 즐기다

꾸이와 세비체, 라씨로 세계의 맛을 기억하다.

세계를 누비며 이동 다음으로 골치 아픈 것이 바로 음식이었다. 장소 이동이 많은 우리의 식사 메뉴는 국가에 따라 달랐다. 세계일 주의 두 번째 국가인 인도에서는 한국의 카레와는 차원이 다른, 향 신료가 매우 강한 카레를 접해 현지 음식 적응에 실패하였고, 그때 부터 괜히 모험하다 탈나지 말고 안전하게 한식을 먹자는 나름의 규칙을 만들기에 이르렀다.

세계를 누비며 한식을 먹는 것이 어렵다고 생각할 수 있지만 실 제로 한식당은 우리가 생각하는 것보다 전 세계의 도시 곳곳에 퍼 져 있었다. 심지어 교민의 수를 셀 수 있을 정도로 소수의 한인이 사 는 볼리비아에서도 한식당이 있을 정도였으니, 우리는 생각지도 못한 곳에서 우리의 음식으로 배를 든든하게 채울 수 있었다. 하물

©박준영

바쁜 일정 속에서도 우리는 서로 도와 가며 음식을 만들어 먹으면서 더욱 가까워지는 것을 느꼈다.
함께 식사한다는 것은 진짜 가족이 되었다는 의미가 아닐까.

며 칠레 안에서도 비행기로 6시간이나 가야 하는 이스터 섬의 슈퍼에서 우리나라 브랜드의 라면과 과자를 팔았다. 하지만 가격이 엄청나게 비싸서 자주 이용하지는 못했다.

한식은 주로 한국문화원이나 대사관에서 고생했다며 제공해 줄 때에야 먹는 정도였다. 우리는 대개 현지의 한국 슈퍼에서 재료를 사서 숙소에서 조리해 먹었다. 브라질의 경우에는 봉헤찌로라는 지역에 한국 거리가 형성되어 있었고, 슈퍼뿐 아니라 반찬가게, 정육점 등이 있어 한국의 아파트 단지 상가 같은 기분이 들었다. 반찬가게에서는 그동안 먹지 못했던 각종 젓갈류와 김치에 눈이 돌아가 다양한 반찬을 사느라 간만에 큰돈을 쓰기도 했다. 그러고는 조리시설이 완비된 호스텔로 돌아와 직접 한식을 조리해 먹었다. 사실 조리라고 하기에는 어설프고 밥 정도만 조리했고, 반찬은 반찬가게에서 사온 것으로 대체하는 정도였다. 그래도 우리에게는 세상 최고의 레스토랑에 온 기분이 들게 해 준 순간이었다. 브라질 땅에서 한식을 먹는 것이 어디 쉬운 일이랴.

한 끼 식사 중 최고의 보양식을 꼽자면 삼계탕도 보신탕도 아닌 바로 얼큰하게 속을 풀어 준 '라면'이었다. 인도에서는 피를 토하고 죽으로 속을 달래고 나서 바로 한식당을 찾아가 라면을 먹었다. 유럽의 경우에는 라면을 박스채로 살 수 있는 곳이 있어서 한 박스를 사서 세계일주 여정을 이어 간 적도 있었다. 라면이 가득 차 있는 캐리어만큼 든든한 보험이 없었다.

세계의 한식당을 경험해 볼 대로 경험해 본 우리는《미슐랭 가이드》와 같이 세계 속 한식당의 평점을 내기도 했는데, 개인적으로는 LA에서 먹은 한식이 가장 맛있었다. 이민사회에 뿌리내리는 데 있어서 가장 중요한 것이 음식, 즉 밥심이었을 것이다. 한국적이면서도 맛있는 음식에 대한 니즈가 강렬한 재외동포들에게 있어 한식이 얼마나 중요한 존재였을까. 그래서인지 한식이 잘 보존되고 맛의 업그레이드를 이루지 않았나 싶다.

물론 상황과 공복감에 따라 한식의 맛이 극도로 차이가 나는 경우가 있었는데, 유명 맛집은 아니어도 우리에게 있어서 가장 기억에 남은 한 끼는 프랑스 한인민박에서 먹은 것이었다. 국물을 잘 먹지 않는 동국이도 국물을 싹싹 비울 정도였다. 아무래도 어머님께서 직접 집 밥을 해 주시는 것이라 더욱 맛있게 느껴지지 않았을까? 기분과 상황에 따라 맛은 역시 천지차이로 받아들여지게 마련인 것 같다.

해외에서는 한식당은 물론 맥도날드와 같은 프렌차이즈에 가는 것조차 마지막 자존심이라고 생각할 정도로 현지식으로 해결한 나였지만, 단원들을 이끄는 단장으로서 한식은 물론 맥도날드만 찾아가게 되는 아이러니를 연출했다. 우선 한식을 먹어야 단원들의 의욕과 에너지 상승이 이루어지는 것을 보고, 단장으로서 '한국인은 밥심이다.'라는 결론을 내리게 되었고, 맥도날드의 경우 세계 어디를 가든 크게 다르지 않은 메뉴이기에 가장 안전하게 사 먹을 수

174

있는 한 끼 식사였다. 그래서인지 식사를 위해 항상 선택한 것은 한식과 맥도날드였다.

그렇다고 해서 우리가 한식만 먹은 것은 아니다. 대부분 삼시 세끼 중 두 끼는 현지식을 먹었는데, 아침은 주로 아메리칸 브랙퍼스트로 빵과 시리얼, 과일을 위주로 먹었고 점심은 이동 중이었으므로 외식을 많이 했다. 그중 특별히 기억나는 현지식이 있는데, 바로 페루에서 본 '꾸이'라는 요리였다. 꾸이는 우리가 기니피그라고 하여 애완용으로 기르는 애완 쥐인데, 이곳에서는 구이로 먹고 있었다. 외견상으로 봤을 때는 끔찍하기 짝이 없었지만, 꾸이를 아주 맛있게 먹는 페루인들 앞에서 인상을 찌푸릴 수는 없었다. 그들에게 꾸이는 영양의 보고였다.

이외에 다른 음식들은 한국인의 입맛과 무척 잘 맞았다. 특히 '셰비체'라는 음식은 한국식으로 치면 회무침 같은 것이었는데, 우리의 식욕을 돋우는 가장 중추적인 역할을 했다. 각종 야채와 레몬즙을 뿌려 새콤달콤한 셰비체는 맛이 일품이었다. 또한 '로모 살타도'라는 소고기 볶음도 우리의 입맛을 사로잡았다. 페루에서는 한 번도 한식을 먹지 않는 기염을 토할 정도로 페루의 음식은 우리의 입맛과 무척 잘 맞았다.

특히 세계 곳곳의 음료수와 맥주도 예술이었다. 세계에서 유일하게 코카콜라가 힘을 못 쓰는 곳이 바로 페루이다. '잉카 콜라'라는 노란색 콜라가 국민 음료수로 자리 잡고 있기 때문이다. 맛도 일품이라, 우리도 식당에 가면 코카콜라가 아닌 잉카 콜라만 시켰다. 인도에서는 '라씨'라는 인도식 요구르트가 우리의 입맛을 사로잡았다. 여행가들 사이에서는 인도의 위생상 라씨를 먹고 나서 대개 한바탕 배가 아파 물갈이를 하는 경우가 많다고 전해진다. 하지만 라씨는 중독성이 무척 강하다. 우리는 아픔을 감수할 정도로 매일같이 라씨를 찾아 먹었다. 맥주의 경우에는 단연코 독일이었다. 팔뚝만 한 크기의 1L 남짓한 글라스에 한가득 따라 주는 맥주 양은 가히 폭발적이었다. 그리고 거기에 안주로 나오는 소시지와 돼지 무릎 고기는 우리의 얼굴을 붉은악마로 만들어 버리기에 충분했다.

세계를 누비며 입맛에 맞지 않는 음식 때문에 고생하기도 하고 체하기도 했지만 우리가 느낀 행복 중 하나는 세계 곳곳의 유명 음식을 현지에서 즐겼다는 것이다. 그리고 그 자리에는 언제나 우리 팀원들이 함께했다.

사람들은 말한다. 식구란 함께 살면서 끼니를 같이 해결하는 사람이라고. 우리는 세계일주의 117일간, 유럽 원정의 보름간, 아니 준비 기간부터 무척이나 많은 식사를 함께했다. 밥을 먹는다는 것은 단순히 음식을 섭취하는 것만이 아닌 서로 맛있는 음식을 먹으며 하나가 되는 시간을 갖는다는 의미도 내포한다. 함께 밥을 먹으며 우리는 서로 식구임을 더욱 절실히 깨닫게 되었고, 현지에서 많은 사람과 함께 식사하며 친구가 되었다. 그것이 음식이 주는 행복한 선물이 아닐까.

08

5성급 호텔이 아니어도
함께라면 괜찮다

휴식의 공간이 되어 준 숙소를 만나다.

집 나가면 고생이라는 말을 느끼기에 충분한 것이 또 하나 있었으니, 바로 숙소이다. 세계일주 동안 숙소로 인한 에피소드도 많았다. 우리가 선택한 숙소들의 경우 대부분 집과 같은 안락함이 있었다. 뭐니 뭐니 해도 똘똘 뭉쳐 있는 단원들과 함께 있다는 것이 큰위안이 되었다. 우리는 세계를 누비며 각양각색의 숙소에서 머물었다. 호텔, 민박, 호스텔, 게스트하우스, 아파트, 버스, 비행기 등에서 1박 이상의 숙박을 하며 숙소를 선정하는 우리만의 기준이 생기기도 했다.

단체의 경우 가급적이면 호텔보다는 아파트나 호스텔이 유용했다. 잦은 회의와 연습 등을 위한 밀착감이 필요하고, 식사를 직접해 먹을 수도 있으며 당번제를 실시하여 유대감을 형성하기에 가

177

장 좋은 여건이기 때문이다. 아파트는 특별히 세탁기나 각종 조리 시설 등이 완비되어 밀린 빨래도 한꺼번에 할 수 있는 장점이 있다. 바르셀로나에 도착했을 때 우리는 장대비에 온몸이 젖어 버렸다. 그런데 아파트형 숙소라 방문을 열자마자 안도감이 밀려와 눈물이 날 뻔했다. 편안한 잠자리와 안락한 휴식처 덕분에 스페인에서의 아리랑 스쿨을 무사히 진행할 수 있었다.

가전제품도 여행 중에 절대적으로 필요한 존재였다. 우리는 호스텔과 게스트하우스를 전전하면서 제대로 된 빨래를 할 수 없어 다들 손수 비누나 샴푸로 자신의 빨랫감을 손세탁하는 것에 피로를 느꼈다. 그래서 바르셀로나의 아파트에서 과학기술의 집합체인 세탁기를 발견했을 때 마치 부시맨이 콜라병을 주웠을 때처럼 신기하고 행복했다. 그간의 이동 중에 생긴 빨래 양이 어마어마했기에 우리가 도착했을 때부터 3박 4일간 세탁기가 멈추지 않을 정도였다. 세탁기 덕분에 우리는 뽀송뽀송한 옷을 입고 원기 충전하여 다음 고개를 넘을 수 있었다.

특히 아파트에는 세탁기 외에도 전자레인지, 냉장고, 오븐 등 각종 조리시설이 완비된 부엌이 있어 인근 마트에서 사온 재료들로 요리를 해 먹을 수 있었다. 직접 요리를 하면서 외식비도 아낄 수 있었고 무엇보다 함께 요리하면서 더욱 가까워질 수 있었다. 세계를 누비며 어느새 우리의 요리 실력도 꽤 많이 늘었다. 호스텔에도 웬만한 조리시설이 갖춰져 있는데, 아파트의 숙박비가 호스텔보다

©박준영

무거운 짐을 들고 이동하고 혼신의 힘을 다해 공연을 펼쳤기에
편안한 숙소가 무엇보다 절실했다.

엄청 비쌀 경우 우리는 대개 호스텔을 선택했다. 호스텔 도미토리 방은 대체로 정원이 6명, 8명으로 인원 제한이 있었다. 세계일주의 경우 단원이 6명이었기에 방 하나를 전세 낸 것처럼 활용할 수 있었다. 그리고 조리까지 되니 아파트보다는 못했지만 저렴한 가격에 알차게 활용할 수 있었다.

우리에게 숙소는 잠자리로서의 의미 그 이상이었다. 낮 동안 열심히 이동하고 혼신의 힘을 다해 공연을 펼치고 나면 우리는 늘 녹초가 되었다. 그래서 어서 빨리 지친 몸을 누이고 싶어 했다. 아리랑 유랑단의 117일간의 일정 동안 버스와 비행기에서 잠을 청하기도 했지만 각 나라의 다양한 숙소에서 우리는 피곤함을 풀 수 있었다.

무엇보다 하루 일정이 끝나면 모두 둘러앉아 맛있는 음식을 나눠 먹고 매일의 여정을 돌아보고 계획하는 시간을 가졌다. 그러고는 서로 피곤에 겨워 눈이 풀려 가는 모습을 보며 잠을 청했다. 어찌 보면 가장 내밀한 공간일 수 있는 잠자리에서 우리는 우정을 쌓았고 식구로서의 정도 더욱 돈독해졌다.

09

소통을 통해
고정관념의 벽을 허물다

언어가 아닌 문화로, 낯선 세계인의 마음을 열다.

해외를 다녀온 뒤 가진 다양한 강연 자리에서 사람들이 가장 많이 물어보는 것이 바로 영어 실력이었다. 해외에 간다면 꼭 영어를 잘해야만 한다는 한국인들의 고정관념 때문이다. 물론 어린 시절에 조기유학을 다녀와서 기본적인 회화를 하는 데는 큰 문제가 없었지만 발표를 한다거나 비즈니스적인 대화를 할 정도의 실력은 아니었기에 나도 외국인들의 대화가 늘 두렵고 떨렸다. 특히 옥스퍼드대학교에서 아리랑 세미나를 열 때는 영어 종주국인 영국의 원어민을 대상으로 세미나를 한다는 것이 말도 안 되는 상황이었다.

하지만 내가 말하고 싶은 것은 세계일주에 있어서 영어는 크게 문제가 되지 않았다는 점이다. 원어민이 우리를 바라보는 시선은

'Native'가 아니라 '외국에서 온 이방인'이기에 영어 실력에 대해 크게 기대하지 않는다. 당연히 영어를 잘해야 한다는 전제가 없기에 어느 정도의 기본 회화만 가능해도 그들은 우리를 친절하게 대해 주며 단어 위주의 회화에도 이해하려 노력해 준다. 특히 일반 배낭여행객들은 소통에 대해 크게 걱정할 필요가 없다. 일반 여행을 하며 우리가 영어를 써야 하는 경우는 주문을 하거나 계산을 할 때 등 기본적인 상황이 많기 때문에 우리가 쓰는 영어도 한정되어 있다. 예를 들어 물을 마시고 싶다면 "Excuse me, Water Please." 정도의 말만 할 줄 알면 되고, 계산을 할 때는 한국의 상점에서처럼 계산할 물건을 올려놓고 캐셔가 계산하는 것을 기다렸다가 "Plastic bag please." 정도를 외치면 된다.

그렇다면 영어를 잘한다고 해서 외국에 나가면 모든 소통이 원활히 될까? 외국에 나가 소통을 하는데 영어만 할 줄 안다고 모든 소통이 다 되는 것은 아니다. 영어가 공용 언어로 쓰이는 곳이 많기는 하지만 전 세계인이 쓰는 공통 언어는 아니다. 나는 아는 언어라고는 한국어와 영어뿐인데 우리가 다녔던 수많은 국가 중 영어를 모국어로 쓰는 나라는 고작 영국과 미국뿐이었다. 나머지 나라는 자국어가 있거나 어떤 경우 영어를 쓰는 것을 아주 기피하기도 했다. 오히려 우리가 가장 많이 접한 언어는 영어보다는 스페인어였다. 남미 대부분의 나라와 유럽 국가인 스페인에서 영어보다 스페인어를 사용했기 때문에 스페인어로 인한 소통의 문제가 더

욱 컸다.

이를 해결한 방법은 생각보다 간단하다. 만국공통어인 보디랭귀지와 음악만 있으면 되었다. 아리랑 유랑단은 만국공통어인 음악적 재능이 있었다. 우리는 굳이 이해하지 않아도 느끼고 배울 수 있는 음악, 즉 아리랑을 통해 그들과 유대감을 형성했다. 그리고 더 이야기를 나누고 싶으면 서로 알고 있는 짧은 영어와 보디랭귀지로 엄청난 대화의 연속성을 이어 나가는 기적을 보였다. 대개 스페인어도 영어식 표현들이 많아 쉽게 배울 수 있는 부분들이 있어 몇 단어 정도는 순식간에 배워서 그들과 간단한 인사와 이야기를 나누기도 했다.

아리랑 유랑단이 가장 내세우는 것이 바로 문화 소통인데, 언어가 되지 않아도 국악과 무용, 서예 등을 통해 그들과 문화로 이야기를 나누려는 시도를 지속적으로 해 왔다. 특별히 독일에서는 현지 무용수들과 함께 국악으로 접근하여 소통을 나눈 적이 있는데 현지 무용수들이 있는 연습실에 찾아가 우리의 국악기로 아리랑 등을 연주하고 그들은 그 음악에 몸을 맡겨 우리의 음악을 몸으로 표현해 주는 소통의 장을 마련할 수 있었다. 칠레에서는 현지 악기로만 이루어진 밴드와 함께 공연을 파트별로 나누어 진행하고, 그들의 음악이 나올 때 거기에 맞춰 현지에서 그들에게 직접 전통춤을 배워 함께 춤을 추고 마음의 문을 열고 소통하기도 했다. 이렇듯 언어가 없어도 문화를 통해 그들과 소통할 수 있는 가능성을 발견하였다.

유럽 원정대의 경우 특히 음악으로 소통하는 일이 많았다. 영국 내셔널 갤러리가 있는 트라팔가 광장에서 스코틀랜드 백파이프를 연주하는 길거리 연주가가 있었는데, 타악 전공자인 하나와 한국 무용 전공자인 규빈이가 즉석에서 합동공연을 제안했고, 우리는 순식간에 현지 음악과 우리 음악을 성공적으로 융합시켜 현지 관객들에게 엄청난 박수 세례를 받았다.

프랑스에서도 재미있는 일이 벌어졌다. 우리는 몽마르트르 언덕에 올라가 공연을 선보이며 폭발적인 반응을 받았다. 그런데 시간이 얼마나 흘렀을까. 우리를 지켜보던 관객들의 몸은 우리를 향해 있었지만 시선이 딴 곳으로 가 있는 것이 아닌가? '몸 따로 마음 따로'라는 말이 정확한 표현이었다. 알고 보니 전봇대를 활용하여 공중에서 축구공 묘기를 하는 유명한 현지 예술가에게 시선을 뺏기고 있었던 것이다. 우리는 빠르게 공연을 중단하고 우리마저도 그의 묘기에 빠져들었다. 그런데 문득 그의 비트감 넘치는 음악을 듣고 있으니 우리의 아리랑과 절묘하게 어울릴 것 같은 예감이 들었다.

나는 그에게 달려가 다짜고짜 한 가지 제안을 했다. 우리는 한국에서 온 연주가들이며 국악기로 '아리랑'이라는 전통곡을 연주할 테니 당신의 묘기, 비트감 넘치는 배경 음악과 콜라보레이션을 해보는 것이 어떻겠느냐는 것이었다. 그는 잠시도 고민하지 않고 흔쾌히 좋다는 사인을 주었다. 그로 인해 곧바로 즉석 퍼포먼스가 시작되었다. 정민이는 생황을 가져와 우리의 '아리랑'을 연주했고, 자신만의 특별한 퍼포먼스를 선보이기 시작했다. 우리는 거짓말처럼 섞이기 시작했고 하나가 되었다. 바로 음악이 가진 소통의 힘 덕분이었다.

우리는 이내 구름관중을 동원하는 기염을 토했다. 엄청난 반응이었다. 공연이 끝나고 알고 난 사실이지만 그는 국내 예능프로그램인 〈스타킹〉에도 출연했던, 한국을 사랑하는 청년이었다. 이미 문화로 마음의 벽을 허문 그 청년을 통해 우리는 문화가 얼마나 대단한 힘을 가지고 있는지 새삼 느낄 수 있었다. 어떤가. 문화란 세계를 아우르는 만국공통어라고 인정할 수밖에 없지 않은가?

사실 내가 아리랑을 전 세계에 알리고자 했던 것은 중국의 동북공정으로 아리랑을 빼앗길 위기에 처해 있다는 사실에 어떤 의무감이 들어서였다. 하지만 세계를 누비며 길거리 공연을 수차례 하고, 한복을 입고 도시를 누빌 때 아이러니하게도 우리에게 가장 큰 박수와 응원을 보내 준 것은 중국인, 대만인, 일본인들이었다. '아리랑'을 통해 차단될 수 있었던 그들과의 소통의 벽이 어느덧 소통의 창이 된 놀라운 순간을 발견했다. 우리는 어느덧 그들과 아리랑으로 소통했고, 그 순간부터 아리랑을 알린다기보다 아리랑으로 세계인들과 소통한다는 생각을 갖게 되었다.

지금까지의 이야기를 정리해 보면 우리가 해외에 나가는 것에 있어 굳이 영어를 잘하지 못해도 문제될 것이 없었다는 것이다. 가장 기본적인 회화로 세계를 누비고, 아울러 문화로 세계인들과 소통했던 아리랑 유랑단의 활약상을 통해 소통이란 정말 거창한 것이 아니라는 것을 느낄 수 있었을 것이다. 현지인들의 경우 우리의 어색한 영어 실력도 충분히 이해해 주었으며 뿐만 아니라 우리의 문화를 통해 그들과 마음의 벽을 허물 수 있었다. 그들은 소통에 관한 한 부수기 쉬운 벽을 갖고 있었지만, 정작 소통은 우리로부터 차단되고 있었던 것이다.

결국 우리의 단단한 고정관념의 벽부터 깨부수는 것이 우선이었다. 외국을 나가는 데 가장 중요한 것은 언어적인 소통의 문제가 아니다. 세계인들과 다양한 방식으로 소통하겠다는 본인의 마음을 여는 것에서부터 모든 여정이 시작된다.

10
세계의 자연과
역사·문화를 만나다

자연의 경이로움 앞에서 넋을 잃다.

워커홀릭. 아리랑 유랑단에게 있어 가장 잘 어울리는 말이었다. 117일간의 세계일주 당시 우리는 총 79회의 아리랑 스쿨을 개최했다. 계산해 보면 1.4일에 한 번 꼴로 세계인들과 소통한 셈이다. 유럽 원정 때도 마찬가지였다. 우리를 위한 관광 시간은 단 하루뿐이었다. 다큐멘터리를 촬영하고 있어서인지 쉬는 날도 쉬는 날처럼 느껴지지 않았다. 그럼에도 불구하고 우리는 무리를 해서라도 현지 관광을 하려 노력했다. 그래야만 워커홀릭들에게 큰 힐링이 될 수 있었기 때문이다.

프랑스에 도착한 세계일주 단원들은 파리 박물관 데이가 맞물려 있다는 사실을 알게 되었다. 매월 첫째 주 일요일은 파리에 있는 모든 박물관들이 무료 입장이 가능했다. 사실 프랑스를 넘어 세계를 대표하는 루브르 박물관은 일주일 이상 둘러보아야 할 정도로 규모가 방대하다. 하지만 우리는 시간이 한정적이라 하루에 파리 곳곳에 있는 박물관을 들르겠다는 목표가 있었고, 루브르 박물관도 두 시간여 만에 다 둘러보는 기염을 토했다. 일정이 빠듯했던 우리는 〈비너스 상〉, 〈모나리자〉, 〈승리의 여신〉과 같은 대표 작품을 보는 것만으로도 감격스러웠다.

그 외에도 로뎅의 〈생각하는 사람〉이 있는 로뎅 박물관, 르누아르, 모네 등 거장의 작품이 있는 오르세 미술관, 모네의 〈수련〉이 있는 오랑주리 미술관까지 하루에 한 곳을 가기에도 버거운데 우리는 급히 대표 작품만 보며 하루에 네 군데를 모두 둘러보았다. 사실 빠른 이동 탓에 큰 감명이나 의미를 느끼지 못한 아쉬움은 있었지만, 입장료도 절약하고 속성으로 주요 작품을 볼 수 있었다는 것만으로도 큰 기회이자 응축된 교감의 시간이 되었다.

네덜란드에서는 《안네의 일기》가 탄생한 '안네의 집'을 찾았다. 제2차 세계대전 당시 독일의 유대인 박해를 피해 안네의 가족은 아버지가 운영하던 곳의 창고로 피신하여 두 가족이 함께 숨어 살았다. 그녀는 인종 박해로 인해 죽음의 공포 속에서 살아야 했던 일상을 일기로 남겨 후대에게 제2차 세계대전의 슬픔을 전해 주었다. 실제 안네가 살던 안네의 집은 기념관으로 개조되어 당시의 모습을 그대로 보여 주고 있다. 그녀가 쓴 자필 일기부터 당시 어렵게 구한 잡지 광고를 붙여 놓은 벽보들까지 하나하나가 슬픔으로 다가

하늘과 하얀 소금사막 사이에서 우리는 한없는 자유를 맛보았다.

왔다. 그리고 그런 역경 속에서도 기록을 멈추지 않는 그녀의 뜨거운 열정을 뼈저리게 느낄 수 있었다.

세계일주를 하는 우리는 그녀의 일기가 남다르게 느껴졌다. 어려움 속에서도 그것을 기록으로 남긴 것이 무척 인상적이었다. 물론 세계일주를 시작하면서 다들 기록을 남기기는 했지만 그 필요성과 중요성에 대해서는 깊게 생각하지 않았다. 하지만 안네를 통해 매일의 여정을 기록으로 남기는 데 깊은 의미를 부여하게 되었고, 여성 단원들의 경우 하루도 빠뜨리지 않고 117일간의 세계일주 일기장을 고국으로 가지고 올 수 있었다.

잠시 동안이었지만 공연과 이동의 부담에서 벗어나 바라본 현지의 자연 경관은 숨막힐 듯 아름다웠다. 또 대자연 앞에서는 인간이 만든 화려한 건축물도 한낮 고철에 불과하다는 생각이 들었다. 피라미드를 처음 봤을 때 그 웅장함에 압도되었지만 채 5분도 가지 않았다. 인도의 타지마할을 봤을 때도, 요르단의 페트라 신전을 봤을 때도 마찬가지였다. 하지만 내 가슴을 턱 막히게 만든 것은 바로 아르헨티나에서 바라본 이과수 폭포였다. 악마의 목구멍이라 불리는 이과수 폭포는 실로 대단했다. 악마의 목구멍 앞 난간에 도착하자 입이 다물어지지 않을 정도로 경이로운 풍경에 몸 둘 바를 모를 지경이었다.

볼리비아의 우유니 소금사막도 마찬가지였다. 끝도 없이 이어지는 소금사막은 달려도 달려도 끝없이 이어졌다. 특히 우기로 인해 소금사막 위로 물이 고인 지대에서는 세계의 거울을 바라보고 있는 듯한 기분이 들었다. 우유니 소금사막에서는 구름이 하늘에도 땅에도 있었다. 남미는 실제로 아마존이 있는 열대우림에 있기에 야간 고속버스를 타고 갈 때면 당장이라도 하늘에서 수많은 별이 떨어질 것 같았다. 그 숨막힐 듯한 아름다움에 수십 시간의 버스 이동도 고달프지만은 않았다.

사실 굳이 입장료를 내고 따로 시간을 내지 않아도 우리의 여정이 곧 관광이나 마찬가지였다. 그리고 우리가 가는 곳은 각자가 원하는 그런 장소가 되어 주었다. 환경에 관심이 많은 준영이 형은 전 세계의 쓰레기통을 촬영하면서 곳곳을 쓰레기통 연구소로 만들었고, 국악, 무용, 서예를 전공하는 단원들에게는 지구별 어디든지 세계 최고의 콘서트홀이 되었다. 세계는 항상 우리가 원하는 대로 카멜레온처럼 변해 주었다.

11
역사를 잊은 민족에게 미래는 없다

존경은 반성하는 자세에서 온다.

"역사를 잊은 민족에게 미래는 없다."

단재 신채호 선생님의 말씀이다. 세계를 누비며 항상 우리의 마음을 다잡게 만든 격언이었다. 세계를 누비며 한국의 문화와 혼인 아리랑을 알리는 청년들은 단순히 아리랑으로 세계인들과 소통하고 그것을 알리는 데에만 목적을 두지 않았다. 전 세계에 펼쳐진 한국인들의 혼을 달래고 그들의 역사를 통해 우리의 역사를 돌아보는 시간을 갖는 것도 아리랑 유랑단의 큰 목표였다.

세계일주와 유럽 원정에서 우리는 네덜란드 헤이그에 위치한 이준 열사 기념관을 빼놓지 않고 방문했다. 이준 열사는 헤이그에서 개최된 제2차 만국평화회의에 이상설, 이위종 두 분과 함께 한국 대표로 참석하여 을사늑약의 무효를 세계에 알리고 한국의 국권을

회복하려고 애썼다. 그러나 일본의 방해공작으로 결국 그 뜻을 이루지 못하고 1907년 7월 14일, 현재는 이준 열사 기념관이 된 드용 호텔에서 순국하고 말았다.

우리는 헤이그 특사인 세 분의 혼을 기리기 위해 역사적인 장소에 현지의 라이덴대학교 한국어과 학생들과 함께 방문하였다. 그리고 한국에서 가져간 흰 천에 세계지도를 그리고 그 안에 서예로 아리랑 가사, 평화 등의 메시지를 담는 의미 있는 시간을 마련하였다.

또한 로비에서 우리 단원들이 아리랑을 연주하고 노래하며 먼 타국에서 순국하신 이준 열사를 추모하는 시간도 가졌는데, 왠지 모르게 눈물이 자꾸 흘러 연주를 중단하고 분위기를 숙연하게 만들기도 했다. 이준 열사 기념관의 송창주 관장님은 우리의 방문을 항상 두 팔 벌려 환영해 주셨다. 또한 방문할 때마다 헤이그 특사와 을사늑약의 부당함을 재차 설명해 주셨고, 역사를 잊은 민족에게 미래란 없다는 것을 새삼 느끼게 만들어 주셨다.

독일 베를린에 가면 이러한 느낌이 더욱 강렬히 다가오는데, 역사를 절대 잊지 않고 조상들의 만행을 항상 반성하는 독일인들의 자세를 보며 일본인들이 신기술을 통해 인정을 받았을지는 몰라도 존경받지는 못한다는 이야기를 이해할 수 있었다.

우리가 베를린을 방문했을 때 관광객 방문이 많은 베를린 장벽 근처의 전시관에서 충격적인 전시물을 보았다. 그들의 조상들의

©박준영

만행을 공공연하게 소개하는 사진과 설명 자료들이었다. 관광객은 물론 현지인들조차 자료들을 묵묵히 지켜보며 반성과 참회의 걸음을 이어 가고 있었다. 베를린 한복판에서 자신들의 만행을 전시하는 모습에서 독일이 제2차 세계대전의 만행에도 불구하고 반성에 반성을 거듭해 존경받는 국가로 거듭날 수 있었던 것이 아닌가 싶었다. 그 와중에도 일본은 전범들이 합사된 야스쿠니 신사를 방문하고 그들의 제2차 세계대전 만행을 정당화시켜 많은 사람의 분통을 터트리게 만들고 있다.

일본의 역사적인 문제에 대한 고민도 잠시, 우리나라의 분단 문제를 생각하게 만드는 장면이 있었다. 전시관을 나오면 바로 베를린 장벽이 보인다. 베를린 장벽을 두고 서독과 동독은 이념 다툼으로 인해 우리나라처럼 분단을 해야 했다. 그들이 분단되었을 때 이런 이야기가 전해 왔다고 한다.

동독 사람들은 밤중에 몰래 베를린 장벽 너머로 쓰레기 더미를 버리곤 했다. 서독 사람들은 쓰레기를 트럭에 실고 동쪽으로 다시 보낼까도 생각했지만 회의 끝에 오히려 덤프트럭 한 대에 통조림과 식량을 싣고 동독 사람들에게 전했다고 한다. 그러고는 쪽지를 하나 던져 놓았는데, 그 대목이 기가 막힌다.

'사람은 자기 속에 있는 것을 남에게 준다.'

루브르 박물관에 방문하여 함무라비 법전을 본 적이 있다. 우리가 잘 아는 '눈에는 눈, 이에는 이'가 바로 함무라비 법전의 골격이다. 역사를 대하며 우리는 이 부분에 대해 생각하지 않을 수 없었다. 일본의 반성하지 않는 역사적 문제, 동족 간의 분단과 싸움으로 인해 우리의 가슴은 계속 곪아만 가고 있다. 하지만 우리가 가진 마음이 나빠져만 갔을까?

서독인들이 동독인들을 향해 지혜를 짜냈듯 항상 마음의 문을 열고 그들의 이야기를 들어주며 그들과 소통하려는 노력이 필요하다. 일본과는 다시금 조선 통신사와 같은 문화사절단을 부활시켜 청년들부터 문화로 소통하는 노력이 필요하다. 이를 생각하며 나는 신조선 통신단이라는 새로운 목표를 세우게 되었다.

그뿐만이 아니었다. 서독과 동독은 통일이 되기 전 청년들끼리 홈스테이를 하며 마음의 벽을 허무는 시간을 가졌다고 한다. 나는 이 이야기를 들으며 우리도 청년들끼리 함께 고민하고 청년들로부터 마음의 베를린 장벽을 허무는 노력이 필요하다고 느꼈다. 학자들이 고립된 섬나라라고 말하는 북한을 넘어 대륙으로까지 이어지는 아시안 하이웨이를 타고 북한을 방문하여 청년들과 교류하고 유라시아에 퍼져 있는 재외동포를 만나 아리랑으로 화합해 보고 싶다는 꿈도 생겼다.

만일 내가 세계를 누비지 않았다면 언제까지나 고립된 생각으로 '우물 안 개구리'가 되었을 것이다. 흔히들 여행은 견문을 넓힌다는 말이 있듯이 세계를 누비며 우리의 역사와 문화, 나아가 공공외교의 차원에서 견문을 넓힐 수 있었고, 세계 곳곳의 역사의 장면들을 바라보며 이 분야에서 힘이 되는 사람이 되기 위해 더욱 공부하고 싶다는 꿈을 가지게 되었다. 독일은 자국의 역사 교육에 대해 '청소년을 대인으로 키우기 위한 길'이라고까지 말했다. 역사를 아는 자는 미래를 만들고 꿈을 얻는다. 이것이 아리랑 유랑단을 통해 내가 얻은 교훈이다.

12

아리랑이라 부르고
소통이라 읽는다

우리가 부르는 아리랑은 사랑이었다.

"도대체 아리랑을 어떻게 알린다는 거야?"

많은 사람이 아리랑을 알리고 세계인들과 소통하려는 아리랑 유랑단을 만나면 이렇게 묻는다. 우리의 모토는 명확하다. 바로 '걸어다니는 한국'이다. 국악, 서예, 한국무용, 태권도 등 다양한 한국문화가 아리랑으로 아우러져 우리가 가는 곳이면 '한국이 왔다!'라는 기분이 들게 해 주고 싶었다. 또한 배달의 민족답게 한국문화를 꼭한국에 와야만 체험하고 볼 수 있는 것이 아니라 10여 년간 자신만의 분야를 개척한 전공자들이 직접 세계로 나와 현지에서도 한국문화를 향유할 수 있다는 것을 보여 주고 싶었다.

우리가 주로 방문하는 기관은 대학교를 포함하여 각 초중고등학교, 장애학교 등 학교가 위주이다. 그래서인지 우리의 콘텐츠 이름도 '아리랑 스쿨'이다. 아리랑 스쿨은 콘서트, 세미나, 힐링을 아우르는 2시간여의 프로그램인데 처음 전공자들이 모두 모여 4대 '아리랑'을 메들리로 만들어 선보이고 아리랑에 대한 관심도를 이끌어 낸다. 그리고 세미나 시간에는 아리랑의 현대적 해석과 4대 '아리랑'을 다같이 한 번 부르고 따라하고, 서예와 단소 교육 등 다양한 한국문화를 체험하는 시간을 마련하여 관심도를 증폭시킨다.

마지막으로는 힐링 타임인데, 증폭된 관심을 안정시키는 템플스테이처럼 마음을 치료한다. 학생들은 모두 눈을 감고 마음의 울림이 강한 판소리로 '아리랑'을 듣고 다시 눈을 떠 눈앞에 있는 문방사우를 이용해 자신의 마음을 서예로 표현한다. 그리고 자신의 이야기를 많은 사람에게 공유하고 다도를 통해 마음을 안정시킨다. 아리랑 스쿨은 이렇게 한국문화 체험의 총체적인 것을 담고자 한다.

하지만 각국의 기관 사정상 프로그램 전체를 소화하기는 힘들었다. 어느 때에는 공연만 보여 줘야 했고, 시간이 있는 곳에서는 좀더 깊이 있는 서예 수업을 진행했으며, 장구 등 다양한 국악기가 구비된 한국문화원 같은 곳에서는 국악기 수업만 진행하기도 했다. 하지만 매번 상황이 달랐기에 우리의 콘텐츠는 지속적으로 변화하고 업그레이드될 수 있었다.

이집트에 처음 도착했을 때 숙소 위에서 바로 아래로 학교가 내려다보였다. 아침이 되자 한국처럼 전교생이 운동장에 모여 조회를

했지만 재미가 없어 보였다. 나는 저곳의 아침을 아리랑으로 신나게 만들어 주고 싶다는 생각에 개구쟁이 같은 아이디어를 단원들에게 전했다. 단원들은 모두 즐거워했다. 그래서 우리는 다짜고짜 호텔 직원에게 우리의 의견을 전달하고 통역을 부탁하여 학교를 찾아갔다. 우리의 아이디어를 전달받은 음악 선생님은 자리를 박차고 나와 우리를 환영해 주었다. 생각보다 너무 쉬운 프로세스였다. 결국 하면 되는 것이었다.

그 다음날 아침, 우리는 한복을 곱게 차려입고 조회 시간에 아리랑 콘서트를 선보였다. 아이들은 춤을 추고 해맑게 웃으며 휴대폰으로 우리를 촬영하기에 바빴다. 수백 명의 학생은 아마도 먼 한국에서 날아온 청년들로 인해 인생 최고의 조회 시간을 경험했을 것이다. 만약 우리가 힘들고 귀찮다는 이유만으로 그들을 그냥 본 체만 체 했다면 우리는 수백 명의 학생과 '아리랑'이라는 아름다운 노래로 소통하지 못했을 것이다.

이렇듯 우리의 귀한 만남은 사람들뿐 아니라 다양한 시도로도 이어졌다. 이집트의 전통 종이인 파피루스와 서예와의 만남을 주선하고 한지가 아닌 파피루스 종이에 아리랑과 현지인들의 이름을 한글로 써 주는 이벤트를 열기도 했고, 아인샴스대학교에서는 학생들의 카드섹션으로 큰 아리랑을 만들어 보는 플래쉬몹을 열기도 했다. 독일에서는 현지 서양악을 공부하기 위해 유학 온 학생들과 만나 연습을 하고 넓디넓은 알렉산더 플라츠 광장에서 아리랑 플래쉬몹을 열기도 했다.

특별히 우리가 가장 즐겁고 기분 좋게 아리랑으로 하나될 수 있는 공간은 불특정 다수가 절묘하게 어우러진 알렉산더 플라츠 광장과 같은 광장이나 길거리이다. 처음에는 길거리 공연이 무척 어색했지만 시간이 지나자 어느덧 길거리 공연이 메인이 되었고 가장 즐거운 이벤트가 되었다.

학교에서는 움직임이 많은 수업을 진행해야 하기에 단체복을 입고 진행하지만, 주요 관광지와 광장에서는 더욱 격식을 차려서 한복을 곱게 차려입고 '아리랑' 공연을 펼쳤다. 한국문화에 대해 이미 잘 알고 있는 한국문화원의 원생들, 각 대학의 한국어과 학생들과 달리 길거리에서 마주치는 관광객들과 현지인들에게 한국은 여전히 생소한 나라이다. 자주 물어오는 것이 중국에서 왔냐는 것이다. 하지만 예전과는 다르게 이제는 많은 사람이 "China or Japan?"이 아니라, "China or Korea?"라고 물어온다. 어느 정도 국격이 높아지고 글로벌 브랜드와 K-POP 열풍 등으로 우리나라를 알아보는 눈들이 생긴 것이다. 한복을 어디서 살 수 있느냐는 질문은 물론, 다음 길거리 공연지가 어디냐는 질문도 하고, 우리의 다음 공연지까지 따라오는 사람들도 있을 정도였다.

우리는 아리랑으로 그들에게 좀 더 다가가길 원했다. 그들과 아리랑으로 소통하고 싶었다. 그들은 우리에게 반응해 주었고, 우리는 아리랑으로 그들의 삶 속에 들어갔다. 아리랑은 우리만의 노래가 아니라 어느새 세계인의 노래가 되었다. 처음 들어보는 생소한 음악에 눈물 흘리는 모습을 보며 우리도 눈물을 흘렸다. 다양한 아리랑 이벤트를 통해 우리는 참 많은 눈물을 흘렸고 희열을 느꼈으며 세계인들과 소통할 수 있었다.

13

문화는 다를 뿐이지, 틀린 것이 아니다

서로 다른 문화이지만 그 속의 담긴 마음은 통한다.

    세계일주를 하며 참 많은 것을 배웠지만, 그중에서도 특별히 문화를 알리는 한국문화기획꾼으로서 문화를 바라보는 시각에 대해 많은 공부를 할 수 있었다.

    첫 번째 고개였던 홍콩에서는 식당에서 음식을 주문하고 기다리는데 이 나간 그릇을 가지고 온 종업원과 실랑이를 벌인 적이 있었다. 우리에게 있어 '이 나간 그릇은 재수 없다.'라는 인식이 있었기에 나는 그릇을 바꿔 줄 것을 요구했지만 거부당했고, 그들은 자신들에게는 이 나간 그릇이 오히려 복을 불러온다는 다소 이해할 수 없는 이유를 설파했다. 알고 보니 그들은 이 나간 그릇에 대해 우리와는 반대의 시각을 갖고 있었다. 우리가 당연하다고 생각했던 문화가 오히려 다른 나라에서는 당연하지 않은 것은 이뿐만이 아니었다.

두 번째 고개였던 인도에서는 손으로 카레를 먹는 인도인 교수님을 바라보며 식사가 끝날 때까지 고민을 하다 결국 수저로 먹었던 경험이 있다. 결국 이질적인 문화를 받아들이는 데 대한 스트레스가 식사 후에 속을 다 뒤집어 놓았고, 밀려오는 구토 속에 결국 피를 토하는 순간까지 찾아왔다.

지금까지의 나는 우리와 문화가 다르면 틀리다는 잘못된 생각을 가지고 있었다. 그런데 이집트 피라미드 앞에서 이런 생각을 고칠 수 있었다. 한복을 입고 입장하려는 우리를 막아 세우던 입장 안내원을 설득시킬 수 있었던 것은 현지인들이 입은 전통복장을 가리키면서 우리의 문화도 인정해 달라고 한 용기 있는 요청의 힘일 것이다.

나는 아리랑 세계일주 고개를 넘으며 우리와 달라 이해할 수 없었던 세상사의 다양한 문화를 이해할 수 있게 되었다. 우리나라 사람이 개고기나 번데기를 먹듯 우리가 애완용으로 기르는 기니피그를 고단백질 영양식으로 먹는 페루 사람들의 모습도 더 이상 이상해 보이지 않았다.

언젠가 외국인 학생과 함께 횡단보도를 건널 때였다. 신호가 바뀌자 나는 그 친구에게 파랑불이 들어왔으니 어서 건너자고 말했다. 그러자 그 친구는 이해할 수 없다는 표정으로 나를 바라보았다. 그러고는 내게 이렇게 물었다.

"아 유 색맹?"

알고 보니 우리는 신호등의 초록불을 파랑불로 부르는 것이 그 친구에게는 색맹으로 보인 것이다. 푸를 '청'을 써서 초록불을 파랑불로도 부르는 우리나라의 모습은 외국인들에게 다소 어색할 수도 있을 것이다. 또한 한옥에 있는 창문이란 단어도 외국에는 없는 단어이다. 외국은 창이면 창이고, 문이면 문이지 창과 문을 합쳐서 부르지 않는다. 우리만이 가지고 있는 고유의 문화가 고스란히 담긴 사례들이다.

이처럼 세계를 누비며 나는 다양한 문화와 마주하고 그들도 먼 동방예의지국에서 날아온 우리들의 모습이 이상하면서도 서로 이해하려고 노력했다. 서로가 마음의 창을 열고 서로의 문화를 받아들이고 교류를 하는 순간, 우리는 어느덧 친구가 된다. 문화는 결국 다를 뿐이지 틀린 것이 아니다. 서로의 문화를 존중하고 열린 마음으로 받아들인다면 세상은 지금보다도 더욱 아름다워질 것이다. 선조들이 그랬듯 지금 당장 창문을 열고 버선발로 나가 세계인들과 우리 문화로 소통해 보자.

5장
마음으로 소통한
벗을 맨나다

여행은 인생에 많은 선물을 안겨 준다. '아리랑'으로 세계를 누비며 많은 것을 얻었

지만 가장 소중한 것이 바로 '사람'이었다. 짧은 만남이었지만 우리는 마음을 나누며

친구이자 가족이 되었다. 세계에서 만난 나의 벗들이 언제나 그립다.

01
지구라는 가장 큰 콘서트홀에서 사람을 맨나다

길거리 공연에서는 낯선 사람이 관객이자 친구이다.

거리에서 만난 사람들은 궁금증 가득한 표정으로 우리를 바라보았다. 그러고는 공연이 시작되기도 전에 우리를 둘러싸고 바닥을 객석 삼아 자신의 자리를 마련했다. 외국인들은 낯선 이방인 예술가를 대하는 태도가 실로 경건했다. 길거리에서 하는 공연이라고 해서 무시하지도 않았고, 세계 최고의 콘서트홀에 있는 것처럼, 우리를 세계 최고의 공연단처럼 대우해 주었다. 생소한 악기와 곱게 차려입은 한복을 바라보는 그들의 표정은 대한민국 최고의 아티스트가 된 듯한 착각을 불러일으키기에 충분했다.

에펠탑 앞에서 공연을 했을 때였다. 그날도 수많은 관광객이 우리를 둘러싸고 '아리랑'을 경청해 주었다. 그런데 '진도아리랑'이 연주되자 한 여성이 평소에 즐겨 듣는 노래인 것처럼 덩실덩실 춤을 추기 시작했다. 가야금을 연주하는 귀진이는 그녀의 눈을 바라보며 그녀와 마음으로 교감하기 시작했다. 마음을 나눈 공연이 끝나자 그녀는 우리를 향해 엄지손가락을 치켜세웠다. 아리랑을 아느냐고 묻자 그녀는 처음 들어본 음악이라고 대답했다. 믿겨지지 않는 반응이었다. 그녀는 이렇게 말했다.

"한국에는 싸이의 '강남스타일'과 같은 신나는 K-POP만 있는 줄 알았는데 이렇게 아름다운 전통음악을 간직하고 있었군요. 그 덕분에 '강남스타일'이 세계 최고로 흥행할 수 있었던 게 아닌가 싶네요."

그 말을 듣고 귀진이는 기분이 좋아 그녀의 손을 잡고 덩실덩실 춤을 추며 다시 한 번 '아리랑'을 불렀다.

길거리 공연을 하다 보면 재미있는 일들이 많이 벌어진다. 흔히 길거리 예술가들은 공연을 한 후에 관객들에게 페이를 받는 경우가 많다. 하지만 우리는 페이를 받는 것을 탐탁지 않게 생각했다. 마치 구걸을 하는 듯한 기분이 들었기 때문이다. 그래서 돈 통도 따로 마련하지 않았다. 그런데 웃지 못할 일이 독일 알렉산더 플라츠 광장에서 벌어졌다.

우리는 여느 때와 마찬가지로 길거리에서 공연을 할 자리를 선점하고 '아리랑' 메들리를 필두로 연주를 시작했다. 어느새 관객들이 몰려들기 시작했고 우리의 공연은 클라이스맥스로 접어들었다. 그때 한 여성이 연주 중인 단원들 앞으로 다가와 두리번거렸다. 무엇을 찾는 것일까 싶어 다가가려 하는데, 그녀가 대뜸 부채를 쥐고 판소리를 열창하고 있는 유진이의 손에 돈을 쥐어 주고 가는 것이 아닌가. 그녀의 용기 있는 첫 시도에 관객들이 너 나 할 것 없이 몰려와 유진이의 손에 돈을 쥐어 주었다. 갑작스레 일어난 일에 너무 놀란 나는 주변에 돈 통을 할 만한 것이 있는지 찾아 보았다. 그 순간 꽹과리 가방이 눈에 들어왔다. 나는 얼른 꽹과리 가방을 단원들 앞에 놓았다. 그렇게 공연은 다시 시작되었고, 10여 분간 이어진 공연 동안 숙박비를 낼 수 있을 정도의 많은 돈이 모였다.

함께 공연을 지켜본 현지 유학생 은영 누나는 외국에는 예술에 대해서는 가치를 꼭 지불해야 하는 문화가 있다며, 우리가 받은 돈에 대해 부담스럽게 생각하지 말라고 귀띔해 주었다. 그러고는 그만큼 우리의 가치가 대단했다는 증거라며 칭찬해 주었다. 분명 당황스러운 순간이었지만 독일인들에게 우리 문화의 가치를 인정받았다는 생각에 숙소로 향하는 발걸음이 가벼웠다.

광장에서 길거리 공연을 하면서 좋은 관객만 만난 것은 아니었다. 가장 큰 관문이 있었는데, 그들은 바로 터줏대감처럼 해당 자리를 잡아 생업으로 거리 예술을 하는 예술가들이었다. 그들에게는 우리가 불청객일 수도 있다는 생각에 나는 항상 공연을 하기 전에 그들에게 양해를 구했다. 하지만 허락을 받기가 쉽지 않았다. 가위 바위보로 정하자고 제안한 거리 예술가도 있었다. 조금 당황했지만 나는 자신 있게 제안을 수락했고, 결국 지고 말았다. 고개를 숙이

©박준영

며 상심한 나를 바라본 거리 예술가는 내가 불쌍해 보였는지 괜찮다며 기회를 주기도 했다.

하지만 늘 이런 사람만 있었던 것은 아니다. 아무래도 우리의 공연이 신선하여 구름떼 관객을 동원하기 일쑤였는데, 허락을 했음에도 자신들의 공연에 방해가 되니 서둘러 끝내라고 재촉하는 통에 공연을 빨리 마무리한 적도 있었다.

거리 예술가 다음으로 두려운 존재는 경찰이었다. 파리 에펠탑에서는 내 이야기를 끝까지 들어 보지도 않고 우리의 요청을 단칼에 거부한 경찰이 있었다. 낙심하고 있던 내가 단원들에게 의사를 물으니, 단원들은 언제 우리가 에펠탑 앞에서 '아리랑'을 연주해 보겠냐며, 에펠탑 앞 분수 쪽으로 이동하여 촬영을 하며 '아리랑' 한 곡 정도를 불러보자고 했다. 그러고는 도둑처럼 조용히 공연을 하기 시작했다. 짧은 시간이었지만 현장을 지키는 단장으로서는 1년처럼 길게만 느껴졌다.

공연이 시작되고 얼마 안 되었을 때 경찰차가 우리 쪽으로 다가오고 있는 것을 발견했다. 드디어 경찰서로 끌려가는가 싶었는데, 경찰차가 우리를 힐끔 쳐다보더니 그냥 지나치는 것이 아닌가. 아무런 제재도 없이, 아니 오히려 관심 있게 쳐다보는 눈빛마저 느낄 수 있었다. 나는 고개를 살짝 끄덕거리며 경찰차에 있던 경찰들에게 눈인사를 건넸고 우리는 결국 우려했던 것과 달리 나머지 공연도 무사히 마칠 수 있었다.

경찰을 무서운 존재로만 생각했는데 페루에서는 우리의 기습적인 길거리 공연을 지켜 준다며 경찰들이 곳곳에 배치되기도 했다. 요르단 페트라에서도 한복을 입고 페트라를 누비며 연주할 때 행복한 표정으로 쳐다봐 주는 경찰들의 모습에 무척 든든했다.

이외에 반가운 만남도 많았다. 멀리서부터 장구 소리가 들려 한걸음에 달려왔다는 한국 배낭여행객, 이태원에서 일했다면서 한국이 그립다고 말하던 페루인, 6·25전쟁에 참여했다는 노부부를 만날 수 있었다. 노부부는 할머니처럼 우리를 따뜻하게 품어 주셨다. 그 마음이 너무 감사해 정화가 공연 중에 쓴 서예 작품을 선물해 드리기도 했다.

특별히 프랑스에서는 동네를 거닐다 놀이터에서 한 무리의 유치원생들을 만났다. 우리는 그들에게 즉흥적으로 '아리랑'을 들려주기로 했다. 그래서 선생님으로 보이는 분에게 찾아가 이야기를 드리니, 때마침 아시아의 음악에 대해 공부를 하고 나오던 참이라며, 이런 운명이 어디 있느냐며 우리를 흔쾌히 맞아 주셨다. 우리는 아이들을 위해 피리 부는 소녀가 되어 아이들에게 '아리랑'을 선물해 주었다. 그중에는 주재원으로 근무하는 부모님을 따라 프랑스에서 공부 중인 한국 아이도 있었는데, 아이의 표정은 하늘을 품은 듯 밝게 빛났다. 한국에서 온 언니, 오빠들이 아름다운 한국의 노래를 들려주고 같은 반의 외국인 아이들이 너무 좋아하는 모습에 기세등등해졌던 것이다.

우리는 스쳐지나갈 수 있었던 거리의 사람들과 아리랑을 통해 하나가 되는 기적을 만들었다. 그리고 그들로 인해 우리가 '아리랑'을 연주하는 순간 우리가 있던 공간은 세계 최고의 콘서트홀이 될 수 있었다.

세계 속에서
열정의 한국열을 만나다

요르단에서 만난 대한이와 민국이의 한국 사랑을 느끼다.

해외 대학을 누비며 한국어과 학생들의 학구열에 놀라움을 금치 못했다. 심지어 우리에게 생소한 요르단에서조차 한국어를 한국 사람처럼 잘하는 학생들을 보며 요르단이 아닌 한국에 온 것 같은 기분마저 들었다. 예전에는 홀대받거나 아예 개설조차 하지 못했던 한국어과는 어느새 인문대에서 가장 높은 점수를 받아야만 갈 수 있는 학과가 되어 있었다.

뜨거운 사막의 나라 요르단의 요르단대학교에 도착했을 때 우리를 환영해 준 학생의 이름을 묻자 그는 "내 이름은 대한입니다."라고 소개했다. 그 옆에 있는 친구에게도 이름을 묻자 그는 "내 이름은 민국입니다."라고 소개했다. 뭔가 어감이 낯익어서 둘의 이름을 조합해 보니 바로 '대한민국'이었다. 그들이 한국을 사랑하고 있음을 단번에 알 수 있는 작명 센스였다. 이들은 둘도 없는 죽마고우였는데 대한이는 한국어를 잘하는 우등생이었고, 민국이는 한국어는 잘하지 못하지만 의리 하나는 기똥찬 학생이었다. 이 둘은 자신들의 시간을 쪼개 가며 우리에게 요르단의 주요 관광지를 소개해 주었는데, 협곡 속에 숨어 있는 세계적 불가사의 페트라에 가야 하는 우리의 이야기를 듣고는 동네 아저씨에게 부탁하여 픽업부터 현지 이동까지 신경 써 주고 동행해 주는 의리를 보여 주었다.

페트라에 도착했을 때 우리를 맞이한 것은 요르단의 뜨거운 사막바람이었다. 더욱이 한복을 입고 있는 우리는 땀범벅이 되어 있었다. 그럼에도 우리가 버틸 수 있었던 것은 대한이와 민국이가 짐을 들어주는 것은 물론 촬영 때마다 우리의 허드렛일을 도와주며 큰 힘이 되어 주었기 때문이다. 이들의 정과 사랑으로 우리는 요르단에 있는 내내 사막 속 오아시스에 있는 듯한 기분을 만끽했다.

우리가 한국에 돌아오고 나서 얼마 있지 않아 대한이가 초청을 받아 한국에 왔다. 하지만 정작 '의리의 사나이' 민국이는 함께하지 못했다. 이유를 물어보니 민국이의 성적이 낮아서 지원조차 하지 못했다는 슬픈 소식을 전해 주었다. 아쉽지만 우리는 그나마 온 대한이를 위해 지난 의리를 기억하며 국악 공연도 함께 보고 따뜻한 보답의 시간을 보냈다.

이처럼 세계를 누비며 만난 한국어과 학생들은 한국을 방문할 기회가 많았는데, 그럴 때마다 우리는 그들에게 받은 은혜를 잊지

©박준영

않고 그들을 따뜻하게 맞아 주려고 노력했다. 사실 우리가 방문한 국가의 수가 적지 않았기 때문에 국가마다 10명씩만 와도 우리 허리가 휘청거릴 정도였다. 근래에는 개인 대 개인보다는 각국에서 만난 친구들을 한데 모아서 작은 소셜 파티를 진행하고 있다. 서로 간의 교류도 되고 일석이조로 새로운 모임이 탄생하게 되었다.

우리는 유독 아랍권 학생들과 특별한 교류가 많았다. 이는 그들의 한국어에 대한 애착과 학구열 때문이었다. 이집트에서 만난 이합이라는 학생은 한국어과 과대표였는데, 그를 통해 우리는 정이라는 문화가 꼭 우리나라에만 있는 것이 아니라는 것을 알 수 있었다. 서양권 국가에서는 우리를 초대해 놓고 더치페이를 하자고 하여 당황한 적이 몇 번 있어서인지 외국인들에게 정을 바라는 것은 무리라고 생각했다. 그런데 이합의 경우 택시비부터 하다못해 음료수까지 손님에게 절대 돈을 쓰게 하지 않았다. 비단 돈이 아니더라도 그는 세심하게 우리를 배려하고 챙겨 주었다. 그는 이집트에도 '정'이 있다는 것을 몸소 보여 주었다.

그런 이합의 한국어 실력은 한국 사람보다 더 유창했다. 그의 수첩에는 고사성어와 속담들이 빼곡히 적혀 있었다. 한국어로 논문을 쓸 정도의 내공을 지닌 학생이라 한국어로 이야기하다가 우리도 잘 모르는 속담을 말하는 통에 우리의 밑천이 드러나는 일도 벌어졌다. 그는 이집트도 한국처럼 징병제가 있어서 군대에 입대해야 한다고 했다. 하지만 얼마 전에 군대에서 면제되어 삼성전자 이집트 지사에 입사했다는 소식을 전해 주었다. 멈출 줄 모르는 학구열과 한국인보다 유창한 한국어 실력으로 그가 꿈꾸던 것을 현실로 만든 모습에 많은 것을 배울 수 있었다.

이외에도 학생들은 대부분 교내외를 막론하고 우리 곁에서 항상 힘이 되어 주었다. 심지어 베를린자유대학교 학생들은 하루 정도 봤을 뿐인데 새벽 7시에 공항까지 나와 우리를 배웅해 주며 눈물을 흘렸다. 한국에 대한 그들의 뜨거운 열정과 넘치는 학구열, 따뜻한 정이 있었기에 세계일주 내내 친구의 집을 찾은 것마냥 편안히 지낼 수 있었다.

03
전통음악으로
세계인을 감동시키다

사물놀이와 타악기, 해금 등의 전통 악기로 세계를 품다.

싸이의 '강남스타일'이 전 세계인들을 열광하게 만들었듯 우리의 국악도 세계에 울려 퍼질 날이 얼마 남지 않은 듯 보였다. 도대체 무슨 논리로 그런 말을 하느냐고 묻는다면, 나는 두말하지 않고 세계에서 활약하고 있는 우리 국악인들이 국가대표이기 때문이라고 말하고 싶다.

각국의 한국문화원과 학교를 방문해 보면 신기하게도 우리의 국가대표들이 그곳에 터를 잡고 한국을 알리고 있었다. 그들은 바로 해외 곳곳에서 활약하고 있는 국악인들이었다. 요르단에서는 코이카 봉사단원인 성희 씨의 활약이 돋보였다. 그녀는 국악을 전문적으로 배운 사람은 아니었지만 동아리 활동 등으로 사물놀이와 난타를 익혔다. 그래서 이것을 백분 활용하여 휴식 시간을 반납하면서까지 현지인들에게 가르침을 주고 있었다. 그녀는 국악과 한국 문화를 사랑하는 국가대표였다. 여자 혼자 낯선 땅인 요르단에 파견된 것이 외롭고 두려울 법도 했지만 그녀의 표정을 보면 항상 기쁨이 넘쳤고, 뜨거운 날씨임에도 일상 자체가 즐거움으로 가득차 보였다.

그녀는 요르단대학교 학생들을 대상으로 난타반과 사물놀이반을 만들어 직접 운영하면서도 전혀 힘든 내색을 보이지 않았다. 그녀가 가르치는 학생들의 실력을 살짝 들어 보니 한국의 여느 사물놀이 동아리 못지않게 수준급이었다. 만일 성희 씨가 자신의 재능을 활용하지 않았다면 요르단 학생들은 사물놀이나 난타를 평생 알지 못했을 수도 있다. 나는 자랑스러운 행보를 이어 가고 있는 그녀의 왼쪽 가슴에서 보이지는 않지만 분명히 자리한 태극기를 마주할 수 있었다.

스페인에서는 동글동글한 체구와 너무 잘 어울리는 이름을 가진 동그란 선생님께서 국악 중에 타악을 강습하고 계셨다. 그녀는 한양대학교에서 가야금을 전공하던 수재로, 스페인에 유학을 왔다가 한국문화원의 현지 원생들을 가르치는 일을 하기 시작했다. 그녀 역시도 올림픽 경기에 출전한 국가대표 선수처럼 강인한 눈빛을 가지고 있었다. 체구가 여리여리했지만 학생들을 가르칠 때면 백호의 모습 그 자체였다. 학생들도 그런 그녀의 열정을 무척 좋아하는 눈치였고, 어설픈 발음으로 선생님이라 부르며 그녀에게 하나라도 더 배우고자 노력했다. 이렇듯 스페인에 체류하고 있던 국가 대표 국악인은 섞일 것 같지 않은 그들의 문화 속에 우리의 문화를 조용히 흡수시키며 융화를 꾀하고 있었다.

같은 유럽연합인 영국에서도 우리는 국가대표를 만날 수 있었다. 아리랑 유랑단 단원의 실제 친구였던 해금 연주자 현수였다. 현수는 한국예술종합학교를 다니며 해금을 전공했는데, 옥스퍼드대학교에서 어학연수 중이었다. 그녀는 영어를 배우러 온 영국에서 자신의 전공인 해금을 연주할 기회를 찾을 수 있지 않을까 하여 해금을 들고 왔다고 했다. 아리랑 유랑단의 옥스퍼드대학교 방문을 계기로 옥스퍼드대학교에서 합주로 공연하게 되어 결국 그녀는 생각보다 빨리 해금을 연주할 수 있었다.

우리는 특별히 세계일주와 유럽 원정 두 번의 유럽 방문 때마다 옥스퍼드대학교를 찾았고, 두 번 모두 현수와 뜻깊은 합주를 할 수 있었다. 현수의 마음을 울리는 해금 소리가 아리랑 유랑단의 연주와 하나 되어 더욱 깊은 소리의 '아리랑'을 영국인들에게 선물할 수 있었다. 뿐만 아니라 그녀는 유럽에서 열리는 다양한 공연에 초대되어 해금 연주를 할 수 있는 기회도 얻었고, 뜻하지 않게 국가대표 해금 선수가 되어 유럽 땅에서 국위선양을 실현했다.

특별히 옥스퍼드대학교에서는 아리랑 유랑단의 행사를 기획해 주신 지영해 교수님께서 행사를 한 후에 한식당의 맛있는 음식을 대접해 주셨다. 그런데 공교롭게도 한식당 사장님께서는 한국의

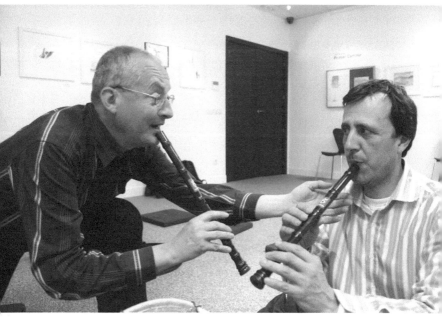

©박준영

해금과 닮은 중국의 얼후를 연주할 줄 알았고, 놀랍게도 얼후뿐 아니라 서울대학교에서 유학을 하면서 해금까지 전공하여 두 악기를 모두 다룰 줄 아는 전문가였다. 우리는 식사를 마치고 현수와 사장님의 해금 연주를 듣는 호사를 누렸다. 두 국가대표 연주자가 만들어 내는 신기하고 아름다운 해금 소리에 현지의 손님들도 많은 감동을 받았으리라. 이처럼 해외 곳곳에서 한국을 알리는 국가대표들이 선전하고 있었다.

세계에서 나름 국악이 가장 자리를 잘 잡고 있는 곳은 미국 뉴욕이었다. 뉴욕에서의 국악은 내가 생각했던 것 이상으로 무척 깊숙하게 교민사회에 뿌리내리고 있었다. 뉴욕국악원이 있을 뿐 아니라, 재외동포 1.5세와 2세들이 주축이 된 무용단, 사물놀이패 등이 활약하며 뉴욕과 미국 전역에서 국가대표의 역할을 톡톡히 해내고 있었다.

또한 뉴욕 할렘에 위치한 데모크라시 프렙차터 스쿨에서는 한국무용을 공부한 현지 선생님께서 흑인 아이들을 대상으로 한국무용을 가르치는 이채로운 장면을 보여 주었다. 한국인뿐 아니라 외국인 국가대표들이 언젠가 한국문화를 전파할 생각에 앞으로의 미래가 더욱 기대되었다. 아리랑 유랑단의 연주 소리에 맞춰 학생들에게 마치 이때다 싶어 개인 강습을 하던 열정적인 모습을 평생 동안 잊지 못할 것 같다.

오래전부터 한국은 전통문화를 내세워 한국을 브랜딩하려 시도

했지만 세계인들의 반응은 냉소적이었다. 하지만 한국문화가 세계와 절묘하게 융합하면서부터 K-POP을 시작으로 한류가 전 세계로 퍼져 나가기 시작했다. 외국인들은 한국문화에 관심을 갖기 시작하면서 자연스레 전통문화인 국악, 서예, 한국무용 등으로 한국에 대한 관심도를 폭발시키기 시작했다.

실제 외국인들을 만나 보니 자신이 관심을 갖고 있는 나라인 한국의 전통문화를 배우고자 하는 열망이 강했다. 하지만 안타깝게도 우리의 몸이 열 개가 아닌 이상 그들 모두의 니즈를 충족시켜 줄수는 없었다. 그럼에도 불구하고 우리의 전통을 전 세계에 알리는 세계 곳곳의 국가대표들이 있기에 우리는 아쉬운 마음을 안도감으로 바꿀 수 있었다.

이들의 노력이 없었다면 한국의 전통문화는 현대문화 중심의 아이돌과 한류문화의 그림자에 가려져 빛을 보지 못했을 것이다. 우리는 세계 곳곳에서 한국의 국악과 전통문화를 알리는 국가대표들의 모습을 바라보고 응원하면서 이들에게 힘이 될 수 있도록 노력하고 그런 사람으로 성장하자고 다짐에 다짐을 거듭했다.

04
유럽에서 슬픔의 역사를 품은
사람들을 만나다

파독 간호사와 네덜란드 참전용사들을 만나다.

한국이 가장 어려웠던 시기에 우리를 대신하여 어려움을 이겨내고자 먼 타향살이를 감행한 사람들이 있다. 바로 파독 간호사분들이다. 당시 파독 간호사들은 매년 국내로 1천만 마르크 이상의 외화를 보내며 한국 경제개발에 크게 기여했다. 그들이 없었다면 지금의 우리는 없었을 것이라고 해도 과언이 아니다.

어려운 시기에 고국을 떠나 타국에서 지내야 했던 그들의 마음이 얼마나 외로웠을지 감히 상상조차 할 수 없었다. 그런 어르신들을 위해 우리는 유럽 원정을 준비하면서 특별한 시간을 마련하고자 했다. 바로 파독 간호사분들을 초대하여 이번에는 우리가 그들에게 공연을 통해 위안을 드리고 싶었다. 우리는 공연뿐 아니라 한국무용을 전공하는 규빈이의 노하우를 가야무용단에 가르쳐 주자는 계획도 세웠다. 그렇게 우리는 뜨거운 마음을 담아 독일로 향했다.

우여곡절 끝에 독일에 도착한 아리랑 유랑단은 드디어 파독 간호사분들을 만날 수 있게 되었다. 어르신들과 첫 대면을 했을 때 어르신들의 모습이 생각보다 너무 젊고 아름답고 밝아서 괜스레 무겁고 안타까웠던 우리의 마음이 무색해졌다. 어르신들은 독일로 넘어와 한국무용을 하는 무용단을 만들어 자신들의 외로움을 춤으로 승화시키며 풀어냈고 아름다운 가정을 이루어 누구보다 행복한 삶을 살고 계셨다.

하지만 외면과 달리 아리랑 유랑단의 공연이 시작되자 어르신들의 내면을 현미경으로 들여다볼 수 있었다. '정선아리랑'과 같이 한이 서린 아리랑이 연주되자 눈물을 흘리시는 모습, '진도아리랑'과 같이 경쾌한 장단의 아리랑이 나오자 세상 그 누구보다 아름다운 춤을 선보이시는 모습을 보면서 어르신들이 겉보기와는 다르게 얼마나 외로웠고 아리랑을 얼마나 갈망하셨는지를 느낄 수 있었다.

모든 공연이 끝나자 그녀들은 마치 손주를 챙기듯 우리를 토닥거리며 감사하다는 말을 연거푸 하셨다. 그녀들의 감사함은 거기서 끝나지 않았다. 우리가 알렉산더 플라츠 광장에서 플래쉬몹과 길거리 공연을 하기 위해 이리저리 옮겨 다니는 동안에도 보호자처럼 도시락과 따뜻한 커피를 들고 다니며 우리를 챙겨 주셨다. 독일에서의 마지막 날, 우리는 다문화 페스티벌에도 초대되어 수백 명의 독일인 앞에서 '아리랑'을 불렀고, 마지막으로는 그녀들의 손을 잡고 눈물을 흘리며 유럽 원정의 마지막 공연을 뜨겁게 마쳤다. 파독 간호사 어르신들은 그 존재 자체만으로도 마음을 한없이 따뜻하게 만들어 주었다.

파독 간호사뿐 아니라 감사함을 전달해야 할 곳이 또 있었다. 바로 6·25전쟁에 참전했던 네덜란드 참전용사가 그 주인공이다. 우리는 수소문 끝에 참전용사 여덟 분이 살아 계시는 요양원을 찾았다. 요양원은 네덜란드 아른헴이라는 지방에 있었는데, 크고 작은 전쟁에 참여한 네덜란드 참전용사들이 마지막 여생을 보내고 있었다.

우리는 미리 연락을 취한 뒤 참전용사분들에게 감사함을 전하고자 먼 아른헴을 단걸음에 찾아갔다. 현장에 도착하니 참전용사 어르신들은 힘든 몸을 이끌고 입구까지 우리를 마중 나와 계셨다. 들어보지도 못한 아시아의 작은 나라 한국을 위해 뜨거운 청춘을 받쳤던 그들은 백발의 노장이 되어 우리와 마주했다.

6·25전쟁 참전용사뿐 아니라 다른 참전용사분들까지 우리가 온다는 소식을 듣고 기다리고 계셨다. 그들은 우리가 입은 한복을 무척 신기하게 바라보았고, '아리랑'의 선율이 강당 안을 감싸기 시작하자 그들의 눈빛은 신기함에서 경이로움으로 가득 채워졌다. 맨 앞줄에 앉아 있던 6·25전쟁 참전용사들의 눈에는 어느새 눈물

이 고이기 시작했고, 이제는 주름이 가득한 손으로 연신 흐르는 눈물을 닦아 내셨다. 그 모습을 보던 하나는 연주 도중 눈물을 흘려 자칫 공연 사고로 이어질 뻔하기도 했다. 하지만 이내 다시 마음을 다잡아 아리랑 콘서트를 무사히 마칠 수 있었다.

어느덧 대한민국은 참전용사들이 봐오던 폐허의 현장이 아닌 번듯한 국가가 되었고, 그 나라의 장성한 청년들이 자신들에게 보답하기 위해 먼 곳까지 찾아왔다. 놀라운 것은 참전용사들이 우리의 '아리랑'을 생생히 기억하고 있었다는 것이다. 가사까지 기억하지는 못했지만 아리랑의 음률을 정확히 기억했고, 우리가 연주하는 아리랑을 허밍으로나마 따라 부르며 화답해 주셨다.

눈물의 공연을 마치자 6·25전쟁 참전용사는 물론 그 자리에 계신 모든 분이 자리에서 기립하여 한국식의 90도 인사로 화답해 주셨다. 우리는 공연 후 이어진 티타임에서 한국에서 준비해 간 머플러와 각종 선물들을 전해 드렸다. 선물을 받은 어르신들은 어린아이처럼 기뻐해 주셨고 그 모습을 보는 우리의 마음도 한없이 따뜻하고 뭉클했다.

어르신들은 과연 전쟁으로 폐허가 되어 버린, 세계에서 손꼽히는 빈민국가 대한민국에서, 세계적으로 손꼽히는 경제 부흥을 이끌어 낼 것이라 짐작이나 했을까? 또한 한국의 장성한 청년들이 감사의 마음을 전하기 위해 네덜란드의 먼 지방까지 와 줄 상상이라도 했을까? 이 순간은 말 그대로 기적의 순간이자, 참전용사들에게 있어 평생의 소원을 이룬 날이지 않았을까?

　세계 곳곳에는 아직도 우리가 감사드리고 은혜를 갚아야 할 영웅이 많다. 우리는 오늘도 그들이 한국의 청년들로부터 감사함을 전달받을 수 있는 날이 오기를 간절히 기도한다. 아리랑 유랑단이 반드시 사랑의 보답을 드릴 수 있는 기회가 올 것이다.

05
몸은 떨어져 있어도
우리는 한민족이다

재외동포 어르신들의 마음을 음악으로 위로하다.

어버이 날인 5월 8일, 우리는 브라질 상파울루에 있었다. 때마침 어버이날과 맞물려 재외동포 어르신들에게 뜻깊은 시간을 마련해 드리고자 사전에 한인회에 연락을 취했다. 하지만 정작 8일에는 어버이날을 위한 어떠한 행사도 잡혀 있지 않았고 우리가 떠나고 없는 3일 뒤에야 어버이 잔치를 연다는 소식을 전해 주셨다. 우리는 심각한 고민에 빠졌다. 한 번의 실수로 비행기를 놓쳐 계획했던 일정을 소화하지 못한 적은 있었지만 일부러 시간을 조정하면서까지 한 국가에 체류한 적은 없었기에 단원들과 둘러앉아 머리를 싸매기 시작했다. 단원들의 의견을 수렴해 본 결과, 우리가 언제 브라질에서 재외동포 어르신들을 위해 아리랑으로 힘을 드릴 수 있겠느냐며 결국 일정을 조정하기로 했다.

어려운 결정이었다. 다음 행선지의 숙소 예약을 취소하는 것에서부터 수수료를 부과하면서까지 재예약을 해야 하는 번거로움이 있었고, 비용적으로 부담스럽기도 했다. 하지만 어르신들에게 힘을 드리기로 마음먹자 모든 일이 사소해지기 시작했다. 예약은 다시 하면 되는 것이고, 비용은 우리가 사비로라도 부담하면 되는 것이었다. <u>어르신들을 위한 지금 이 순간은 다시는 찾아오지 않는다. 우리는 어버이 잔치에서 '아리랑'을 선물해 드리기로 했다.</u>

브라질 재외동포 어르신들은 대한민국 이민 1세대라고 하여 가장 성공한 이민사회를 이루었다는 평가를 받고 있다. 사실 브라질은 미국을 가기 위한 경유지였다고 한다. 하지만 어르신들은 미국행을 포기하고 브라질에 정착한 뒤 지금까지 단단한 터를 잡으며 하루하루 피 말리는 타향살이를 이어 가고 있었다. 그런 역사 때문인지 우리의 사명감은 배가되었다.

행사 당일, 어버이 잔치가 치러지는 브라질 한인학교에는 이미 수백 명의 어르신이 자리를 잡고 있었다. 말도 잘 통하지 않는 낯선 곳에서 자식들의 양육은 물론 누구보다 치열하게 돈을 벌어야만 했던 재외동포 어르신들의 표정을 보기만 했을 뿐인데 공연도 전에 울컥했다. 우리는 이 행사를 기획하고 준비하신 브라질 기독교연합회 목사님들과 인사를 나누고 바로 공연을 준비했다. 우리는 모든 행사의 끝인 피날레를 장식하기로 했는데, 곧장 우리의 시간이 찾아왔다. 우리는 '아리랑' 메들리와 '사랑가' 등을 불렀다. 공연

©박준영

이 진행되는 내내 어르신들은 우리에게서 눈을 떼지 못했다. 어르신들은 마치 한국에 있는 손주가 떠오르시는 듯 시종일관 사랑스러운 눈빛으로 우리를 바라봐 주셨다.

모든 공연을 마치고 무대에서 내려오자 이번 어버이 잔치를 기획하신 목사님들이 우리를 다시 무대 위로 불러 세웠다. 저녁이라도 대접하고 싶지만 바로 아르헨티나로 떠나야 하는 우리를 그냥 보내기에 마음이 좋지 않으셨는지 작은 성의라며 현지 통화인 헤알을 용돈으로 전달해 주셨다. 우리는 용돈을 받지 않으려 했지만 목사님들과 어르신들의 성의를 묵도할 수 없었기에 결국에는 용돈을 받아들었다. 나중에 봉투를 확인해 보니 다음 행선지인 이과수 폭포까지 가는 교통비가 고이 담겨 있었다. 우리는 마음이 담긴 용돈으로 버스표를 끊었고, 뜨거운 기도의 응원을 받으며 결국 다음 행선지에 안전하게 도착할 수 있었다.

전 세계를 누비며 보답을 받고자 한 일은 아니었음에도, 재외동포 어르신들을 만나면 하나같이 작은 성의라며 용돈을 주시거나 맛있는 음식을 대접해 주셨고, 우리를 손주처럼 대해 주시며 큰 힘을 주셨다. 그럴 때마다 우리는 더 열심히 아리랑으로 세계인들과 소통해야겠다는 다짐에 다짐을 거듭하였다. 어르신들은 우리에게 세상에서 가장 강력한 에너지 드링크와 같은 존재였다.

아리랑 세계일주의 마지막 국가였던 미국 뉴욕에서도 어르신들의 사랑은 이어졌다. 뉴욕공항에 도착하자마자 어린이 민속축제

페스티벌에 초대되어 공연을 선보일 수 있는 기회가 생겼는데, 재외동포 어린이들을 위한 무대였지만 정작 관객 중에는 어린이들을 데리고 온 어르신들이 유독 많았다. 공연이 시작되자 어르신들은 너 나 할 것 없이 무대로 올라와 공연 중인 유진이의 손을 붙잡고 덩실덩실 춤을 추시며 '아리랑'의 선율에 몸을 맡기셨다.

감동의 공연이 끝나자 영상 담당 준영이 형은 유진이의 손을 붙잡으셨던 어르신에게 달려가 인터뷰를 부탁드렸다. 어르신은 너무 흥분하신 나머지 헐레벌떡 숨을 몰아쉬는 것도 모자라 눈물을 흘리기 시작했다. 어르신은 뉴욕에서 수많은 잔치를 다녀 봤지만 이렇게 감동적인 무대는 처음이었다고 말씀하셨고, 그분의 한마디 한마디에 준영이 형은 울컥한 마음을 다잡느라 꽤 고생했다고 했다.

공연을 마친 뒤 서예 담당 정화가 아리랑 사인회를 진행할 때는 공연을 보신 어르신들이 사인회장으로 찾아와 꼬깃꼬깃 넣어 두셨던 쌈짓돈을 꺼내 주셨다. 우리가 극구 받지 않으려 하니 달러만 남겨 놓은 채 도망가시는 일까지 벌어졌다. 그만큼 우리는 어르신들에게 정말로 큰 사랑을 받았다.

어르신들이 전해 주신 용돈은 물질적인 것을 떠나 그분들의 따뜻한 마음과 손길이 담겨 있기에 더욱 값졌다. 그리고 이것은 고스란히 다음 공연을 더욱 멋지게 만들어 주는 원동력이 되었다. 마음과 마음이 맞닿아 우리는 세상 그 무엇보다 따뜻한 추억을 갖게 되었다.

06
장구가 아닌 박스로
한국의 음악을 알리다

재외동포 2세를 만나 한국 사랑을 느끼다.

우리는 재외동포 2세들을 만나 희망을 보았다. 아르헨티나에 도착하여 휴대폰을 소매치기 당하는 등 힘든 고개를 넘고 있던 아리랑 유랑단에게 뜻밖의 손님이 찾아왔다. 우리가 아르헨티나에 온 줄 어떻게 아셨는지 페이스북을 통해 메시지를 주시고는 숙소까지 찾아와 주셨다.

아르헨티나의 재외동포 2세들로 이루어진 사물놀이패 누리패의 이형주 씨가 그 주인공이었다. 그는 본인이 운영하는 카페 일을 마치고 저녁 때마다 우리 숙소를 찾아오셨다. 그러고는 짧은 시간이라도 좋으니 누리패를 위해 작은 가르침을 달라고 거듭 부탁하셨다. 시간이 무척 한정적이었고, 이미 다른 일정을 소화하느라 정신이 없었지만 그의 열정에 우리는 무리를 해서라도 도움을 드리고 싶었다. 그래서 다음 행선지인 페루로 떠나기 전 마지막 날 밤에 겨우 시간을 내어 누리패를 만났다.

아르헨티나 한국문화원에서의 아리랑 스쿨을 무사히 마치고 나니 그가 스타렉스를 이끌고 우리를 픽업하러 오셨다. 모든 행동 하나하나가 정성과 감동의 연속이었다. 누리패를 만난 곳은 한인회관이었는데, 누리패 전원이 나와 우리를 환영해 주었다.

우리는 우선 그들의 이야기를 듣는 시간을 가졌다. 그리고 내 인생을 바꿀 이야기를 전해 듣게 되었다. 이들은 한국문화를 알리는 일을 어떻게든 이어 가고자 누리패를 창단하게 되었다고 한다. 그런데 문제가 생겼다. 열정은 있지만 악기가 없었던 것이다. 물론 악기를 구할 돈조차도 없었고, 그래서 궁여지책으로 장구 대신에 박스로 연습했다고 한다. 가슴이 무너져 내리는 이야기였다.

우리는 쉽게 한국에서 구할 수 있는 국악기이지만 지구 반대편의 아르헨티나에서는 정말 구하기 어려웠고, 구할 수 있다하더라도 국악기를 들여올 국제 운송비가 어마어마했다. 하지만 그들은 포기하지 않았고, 아르바이트를 하며 돈을 모았으며 한인회의 도움을 받아 우여곡절 끝에 장구를 마련할 수 있었다. 그리고 지금은 남미를 대표하는 사물놀이패로 성장하여 남미 순회공연을 선보일 정도로 대단한 위치에 올랐다. 어려움이 있었지만 재외동포 2세들이 이룬 한국문화에 대한 사랑이 결실을 맺어 가는 모습이 인상적이었다.

재외동포 2세로 이루어진 누리패와의 만남은 우리 문화의 소중함을 다시금 깨닫게 해 주었다.

아직도 이들은 '배움'에 굶주려 있었다. 그래서인지 우리의 소식을 듣고 작은 배움이라도 얻고자 서둘러 달려온 것이었다. 그들을 만나 진심 어린 이야기를 들은 우리는 1초라도 놓칠세라 바로 강습을 시작했다. 그들은 10여 년간 타악을 전공한 동국이의 이야기를 듣고는 한마디도 놓치지 않기 위해 녹화까지 하는 열정을 보였다. 강습은 늦은 시각까지 이어졌다. 이전에 치러진 한국문화원에서의 일정 때문에 더 오랜 시간을 보내지 못하는 것이 안타까워 더욱 열성적으로 가르쳐 주고자 했다.

그런데 1분 1초가 아까운 시간에 그들이 갑자기 강습을 멈춰 세웠다. 강습도 중요하지만 잘 먹어야 다음 일정을 제대로 소화할 수 있다는 배려에서였다. 그러고는 미리 예약해 둔 한식당으로 우리를 인도했다. 그들은 분명 배움이 고픈 사람들이었다. 그런데 그것보다 우리를 먼저 배려해 주는 모습에 마음이 한없이 뭉클해졌다. 그들을 만나 이야기를 나누고 함께 장구를 쳤다는 것이 세상 그 어떤 시간보다 행복하게 느껴졌다. 아리랑 유랑단을 하면서 참 많은 사람을 만났지만 이 시간만큼 뭉클했던 적이 있었나 싶다.

장구를 연주하고 싶지만 장구가 없어 박스로 연습하던 재외동포 2세들, 한국어를 공부하고 싶어 유튜브로 한국 드라마를 보며 한국어를 공부하던 재외동포 2세들, 영주권이 있음에도 나라를 위해 고국으로 돌아가 국방의 의무를 다하는 재외동포 2세들을 보며 참 많이 반성했다. 그리고 그들이 존경스럽고 자랑스러웠다. 지금 이 순

242

간에도 변방의 국가에서 우리 문화의 유전자를 지키고 이어 나가려는 재외동포 2세들이 고군분투하고 있다. 이들을 위해서라도 우리는 장구 소리가 시끄럽다며 귀를 막는다거나, 한국문화를 소홀하게 생각하는 일이 있어서는 안 된다. 대한민국의 희망은 한국문화를 사랑하고 계승하는 데에서 비롯되기 때문이다.

07
세계 곳곳에서
부모님의 정을 느끼다

뉴욕과 칠레, 스페인에서 선생님들의 정을 듬뿍 받다.

때때로 가족과 한국이 미치도록 그리웠다. 하지만 각 나라에서 우리를 도와준 많은 분들 덕분에 향수병을 이겨 낼 수 있었다. 나는 출국을 하기 전에 우리가 방문할 국가에 대해, 아리랑 스쿨의 협조를 요청할 기관들에 대해 조사했다. 그러고는 제안서를 보내 우리의 행사를 소개하고 그들에게 협조를 요청했다. 물론 우리의 제안을 무시한 곳도 있었지만, 대부분 두 팔 벌려 우리를 환영해 주셨다.

3·1절에 아리랑 세계일주를 시작하면서 우리에게도 팬이 생겼다. 수개월 뒤에 가게 될 미국 뉴욕한국학교의 김수진 선생님이 주인공이었다. 아리랑 유랑단 페이스북에 올라오는 소식들을 접한 선생님은 글로 엄청난 사랑을 표현하시며 아낌 없이 주는 나무가 되어 주셨다. 그 응원 메시지를 보며 단원들 모두 하루빨리 선생님

을 뵙기를 고대하고 또 고대했다.

드디어 뉴욕에 도착한 우리는 부리나케 선생님을 찾아뵈었고, 선생님도 반갑게 우리를 맞아 주셨다. 긴 일정 동안 고생했다며 고깃집으로 데리고 가서 고기를 양껏 먹여 주시기도 했다. 그리고 뉴욕에 계신 멋진 분들을 지속적으로 소개해 주셨고, 현지 언론에도 끊임없이 우리의 소식을 알려 주셨다. 선생님의 관심과 호의 덕분에 우리는 미주 〈한국일보〉 1면을 장식한 것은 물론 생방송으로 라디오 코리아에 출연까지 할 수 있었다.

김수진 선생님과의 인연은 세계일주를 마치고 돌아온 지금까지도 계속해서 이어지고 있다. 선생님은 한 번도 만난 적 없는 우리를 믿고 응원해 주셨고, 뉴욕 현지에서도 엄마처럼 따뜻하게 챙겨 주신, 우리에게 큰 힘이 되어 주신 정말 고마운 분이다. 선생님을 통해 우리가 하고 있는 일이 어떤 의미를 가지는지 다시금 되새길 수 있었다.

칠레에서도 소중한 인연이 된 세종학당의 최진옥 선생님을 만났다. 척박한 칠레에 세종학당을 개척하고 한국문화를 알리고 계신 아주 훌륭한 분이다. 최진옥 선생님도 온라인상으로 우리를 응원해 주시며 가족처럼 챙겨 주셨다. 선생님은 우리에게 현지 이동편을 제공해 주시기도 했다. 우리가 어떤 것을 가장 힘들어하는지 어머니의 마음으로 살펴셨기에, 따로 요청을 드리지 않았음에도 우리의 아리랑 콘서트와 스쿨이 있는 날이면 숙소에서부터 세종학당

©박준영

까지 꼭 차를 예약해 주셨다.

칠레에서 보낸 마지막 날, 선생님께서 그간 고생했다며 우리에게 자장면을 대접해 주셨다. 자장면을 바라보니 눈물이 왈칵 쏟아질 것 같았다. 단순히 그리운 음식이기 때문만이 아니다. 지금까지 도움을 주신 많은 분의 얼굴이 떠올랐다. 특히 우리가 칠레에 있는 동안 물심양면으로 챙겨 주신 최진옥 선생님의 깊고 따뜻한 마음이 너무나 감사했다. 뉴욕에서 만난 김수진 선생님과 칠레에서 만난 최진옥 선생님, 어머니처럼 우리를 격려해 주시고 챙겨 주신 그분들을 평생 잊지 못할 것 같다.

아버지처럼 우리를 큰 품으로 보듬어 주신 분도 계셨다. 그중에 스페인 한국문화원에서 만난 장진상 문화원장님이 기억에 남는다. 우리가 아리랑 스쿨을 열던 날, 문화원장님은 행사장을 지키며 우리 곁에서 큰 힘이 되어 주셨다. 음향 장비에 문제가 없는지, 행사를 진행하는 데 부족한 것은 없는지 등 항상 세밀하게 살피며 우리가 불편한 것이 없게끔 도와주셨다.

원장님과 함께 점심 식사를 하며 우리는 원장님이 기러기 아빠라는 사실을 알게 되었다. 따님들은 현재 해외에서 공부하고 있고, 사모님도 따님들을 뒷바라지해야 하기에 원장님은 홀로 스페인 생활을 하고 계셨다. 그럼에도 유쾌함을 잃지 않은 채 한국문화원을 부지런히 이끄는 모습에 이 시대의 아버지의 자화상이 그려졌다.

아르헨티나, 미국 LA 등 각국에서 만난 문화원장님들은 우리를

247

반갑게 맞아 주셨지만 아쉽게도 대사관에서 대사님을 뵐 수 있는 기회는 많지 않았다. 정무로 인해 바쁘신 것이 가장 큰 이유였고, 우리도 가급적 귀한 시간을 빼앗고 싶지 않았다.

그럼에도 불구하고 부득불 우리를 보고 싶어 하신 대사님이 계셨다. 주인공은 바로 황의승 전 칠레 대사님. 우리는 인자한 미소와 언행을 가진 대사님을 보고 단숨에 그에게 매료되었다. 정무로 인해 상당히 바쁘셨을 텐데도 대사님은 우리를 위해 공관 앞마당에 공연장을 마련해 주셨고, 끝까지 서서 공연을 지켜보시며 우리를 응원해 주셨다. 비록 함께하지는 못했지만 우리를 위한 저녁 식사 자리를 마련해 주시기도 했다.

아리랑 유랑단은 세계에 우리 한국의 문화를 알렸고, 우리는 그 과정에서 소중한 인연을 맺을 수 있었다. 그것이 세계일주를 마친 지금도 늘 감사하다.

08

메시아 같은
여행가를 만나다

세계를 누비는 여행자들은 친구이자 선생님이다.

운치 있는 카페, 명작들로 가득한 미술관, 품격 있는 샹젤리제 거리보다 아름다운 것은 그곳에서 만난 사람들이었다. 여행을 하며 만난 사람들은 각자의 사연을 간직한 채 자신의 이상향을 찾아 여행길에 올랐다고 말했다. 순수하게 관광지를 둘러볼 목적으로 온 여행가, 휴식을 위해 여행길에 오른 여행가도 있었지만 나에게 가장 매력적으로 다가왔던 사람들은 자신을 찾기 위해 떠나온 여행가들이었다. 그들은 가면 속 자신을 고국에 맡겨 놓은 채 진짜 자신이 누구인지 알고 싶어 떠나왔다고 했다.

볼리비아의 우유니 소금사막에서 만난 루씨가 바로 그런 사람 중 하나였다. 마흔 살인 그녀는 이스라엘 출신의 여행가였다. 그녀를 만난 것은 볼리비아 우유니 소금사막 투어를 신청하고 차에 올라탔을 때였다. 사실 우리 팀원이 6명이다 보니 여행 기간 동안 우리끼리 움직이는 것이 편했다. 우리만을 위한 우유니 소금사막 투어는 아니었지만 우리 외에 외부인이 합류한다는 것은 잠을 청하려 할 때 불청객이 들어와 잠을 깨우는 듯한 느낌이었다. 어색하게 인사를 나눈 뒤 드디어 당일치기 투어가 시작되었다.

우리 중에는 어느 정도 영어로 일상회화가 가능한 사람이 나와 유진이 밖에 없었고 그마저도 유진이는 대화를 주도하는 성격이 아니었기에 루씨와의 대화 주체는 내가 되어야만 했다.

우리가 탄 지프차는 하염없이 우유니 소금사막을 달렸다. 성격상 어색한 것을 싫어하는 나는 그녀와 대화를 이어 가려고 노력했다. 가장 기초적인 호구조사부터 시작하여 그녀의 신상을 하나하나 먼지 털 듯 털어 냈다. 그런데 기묘한 일이 벌어졌다. 분명 그녀와 나는 영어로 대화를 나누었지만, 그녀의 말이 자연 통역되며 한글로 들려오는 특이한 상황이 벌어졌다. 마음의 통역기가 작동한 탓이었으리라.

그녀는 자신이 이곳에 오게 된 이야기를 쏟아 내기 시작했다. 이스라엘은 여자도 군대에 가야만 했기에 그녀는 오랫동안 군 생활을 했다고 한다. 그리고 회사에 다니다가 지금까지 자기가 살아온 길에 대한 회의감이 들었다고 한다.

"어쩌다 이 나이가 되었지만 내 자신을 잘 모르는 것이 나의 가장 큰 문제점이야."

루씨와 함께한 볼리비아 우유니 소금사막 투어는
여행에 대한 새로운 생각을 갖게 해 주었다.

그래서 그녀가 선택한 곳이 세상의 거울이라고 불리는 우유니 소금사막이었다. 낯선 한국에서 온 6명의 청년과 하루 종일 어울린 그녀는 소금사막에서 펼쳐진 우리의 공연을 덤으로 얻어 가며 이런 말을 했다.

"너희가 부르는 노래의 가사가 어떤지, 또 무슨 노래인지 잘 모르겠지만 나를 발견하는 열쇠를 얻은 기분이야."

그리고 같은 처지의 여행가임에도 라파즈까지 올라가는데 맛있는 간식이라도 사 먹으라며 용돈을 꼭 쥐어 주었다. 그녀의 뒷모습을 물끄러미 바라보며 어딘지 모르게 그녀가 세상의 거울에서 자신을 발견했다는 강한 확신이 들었다. 그 과정 중에 아리랑이 열쇠가 되었다는 생각에 괜스레 미소가 지어졌다.

페루에서는 포르투갈 여행가를 만났다. 32살인 그녀는 그리 많지 않은 나이임에도 산전수전을 다 겪었다고 했다. 그녀의 이야기를 듣는 내내 입이 다물어지지 않을 정도였다. 7년간 사귄 남자 친구가 헤어지자고 통보했고, 어머니는 암에 걸렸으며, 자동차 뺑소니로 인해 본인 차를 폐차시켜야 했고, 다리에 문제가 생겨 수술을 하기도 했다. 또 휠체어를 타다가 손에 문제가 생겨 다시 수술을 하고, 회사에서 해고당하기도 했다. 이 모든 일이 불과 몇 년 사이 벌어졌다고 했다.

하지만 그녀는 물러서지 않았다. 그리고 스스로에게 '여행'이라는 약을 처방했다. 여행지로는 태양, 바다, 산, 바람을 마음껏 느낄 수 있는 남미가 최적이라고 생각해 1년간 여행을 결심하였고 게스트하우스에서 우리를 만난 것이다. 그런 그녀의 용기가 감탄스러워 어린 나이임에도 내 생각을 전해 주었다.

"신께서 당신에게 어떤 메시지를 주려 한 것 같아요. 동양에 '군자고궁'이라는 사자성어가 있어요. 어렵고 궁핍하여 위기에 처했을 때 군자는 더 굳고 심지가 깊어진다는 뜻이죠."

그녀는 고개를 끄덕이며 신이 나를 이곳으로 보내기 위해 시련을 주었나 보다고 했다. 그녀와 대화를 나누며 나도 이런저런 생각을 하게 되었다. 나는 나이가 먹을수록 생각은 많아지고 시련은 계속 찾아오지만 과거에 얽매이고, 미래를 염려하다가 현재를 놓쳐버리고, 결국 미래에도 현재에도 살지 못하는 존재가 되는 것은 아닐까 싶어졌다.

우연찮게도 이날은 내 생일이었다. 27살의 생일날, 나는 또 다른 여행자를 통해 나를 돌아보게 되었다. 이래서 여행이 필요한가 싶기도 했다. 내가 보지 못했던 것, 내가 느끼지 못했던 것을 느끼게 해 주니 말이다.

아리랑 유랑단이라는 이름으로 세계일주를 떠나 우리 모두 각각의 삶을 돌아보고, 미래를 꿈꾸게 되었다. 언젠가 이 여정을 돌아보며 서로 어떤 이야기를 할까? 나는 자신있게 말하고 싶다. 아리랑 유랑단은 세계 속에 한국의 문화를 알렸고, 그 속에서 우리는 우리 자신을 찾고 새로운 꿈을 보았노라고.

09
고장 난 마음,
고정관념을 깨부수다

인도의 기차역에서 오해와 깨달음, 미안함을 느끼다.

많은 사람이 흑인은 무서운 사람, 문신이 있으면 위험한 사람, 인도인들은 돈만 밝히고 너무 믿으면 결국에는 뒤통수를 치는 사람이라고 생각한다. 참 말도 되지 않는 편견이자 고정관념이다. 우리는 세계일주를 하는 동안 이런 고정관념으로 인해 얼마나 많은 인연을 놓쳤을까? 생각만 해도 아찔하고 안타깝다.

인도에서 가장 긴장되고 예민해지는 순간은 더럽고 혼란스러운 기차역에 도착했을 때이다. 도처에서 수많은 인도 사람이 우리를 신기한 눈으로 쳐다본다. 우리를 우리에서 벗어난 원숭이처럼 바라보는 느낌이었다. 여행을 계속 하다 보면 어느 정도 타인의 시선을 즐길 법도 한데 인도에서는 그런 여유조차 가질 수 없었다. 우리는 인도에서 크게 두 번 이동했는데 매번 크고 작은 문제가 생겼다. 타지마할이 있는 아그라에서 갠지스 강이 있는 바라나시까지 가는 기차를 기다릴 때였다. 우리는 짐을 한곳에 몰아 놓고 신경을 곤두세운 채 주변을 경계했다. 그런데 우리가 타야 할 기차가 좀처럼 오지 않았다. 사태를 파악하기 위해 주변에 도움을 청해야 했다. 그 와중에 내 눈을 사로잡은 가족이 있었다. 영어를 전혀 할 줄 모를 것 같았지만 어쨌든 도움을 받을 수 있을 것 같은 묘한 예감이 들었다.

"익스큐즈미."

가족 중에 어머니로 보이는 여성이 고개를 내 쪽으로 돌렸다. 언뜻 젊은 새댁 같은 그녀는 옅은 미소를 띠며 환하게 나를 맞아 주었다. 다행히 그녀의 입에서 나온 말은 영어였다. 유창하지는 않았지만 서로 의사소통을 할 수 있는 정도였다. 그녀는 나의 질문에 조금만 더 기다리면 바라나시행 기차가 올 것이라고 말해 주었다. 안도의 한숨을 쉰 나는 다시 단원들에게 돌아왔다. 하지만 못내 마음이 편치 않았다. '왜 온다는 기차가 이렇게 늦는 거지? 저 여자가 순박한 표정으로 나를 속인 거 아니야? 역시 인도인들은 믿을 수가 없어.' 등 계속해서 그녀에 대한 의심을 키워 갔다.

그렇게 한참을 기다리고 있는데 옆에 있던 그녀가 가방을 챙기기 시작했다. 그러고는 이동하기 시작했다. '어라? 분명 같은 기차였는데, 역시나 우리를 속인 건가?'라고 생각한 순간 그녀가 우리 곁으로 다가왔다. 그러고는 플랫폼이 바뀌었다며 자기를 따라오라

인도의 기차역에서 우리는
고정관념으로 인해 소중한
인연을 놓칠 뻔했다.
그 깨달음이 이후의 여정에서
많은 친구를 만나게 해 주었다.
ⓒ박준영

고 했다. 플랫폼 분위기를 보아하니 그녀의 말이 사실인 듯했다. 그래서 우리도 부리나케 짐을 챙겨 그녀의 가족을 쫄래쫄래 쫓아갔다. 우리는 걸으면서 그 근방에서 우리처럼 어정쩡하게 기차를 기다리는 여행자들에게 이 사실을 알리고 그들을 인솔했다. 그러고는 구름다리를 건너 건너편 플랫폼으로 무사히 몸을 옮겼다. 그녀는 우리에게 기차를 기다리면서 먹으라고 가족을 위해 싸 온 로띠(한국식으로 밀가루 전)를 권했다. 길에서 남이 주는 음식을 함부로 먹는 것은 아니라고 귀가 닳도록 들었지만, 그녀의 호의를 쉽게 거절할 수 없어 살짝 입에 베어 물었다. 그녀는 하얀 치아를 드러내며 행복한 미소를 지어 보였다.

결국 기다리던 바라나시행 기차가 플랫폼에 도착하였고, 우리는 무사히 기차에 탑승할 수 있었다. 그렇게 그녀와의 인연이 끝인 줄 알았다. 그런데 그녀는 우리와 한참 차이가 나는 탑승 칸에서부터 우리 칸까지 다시 찾아와 잘 들어왔냐며 인사를 건넸다. 그러고는 언제 내려야 할지 친절하게 글을 써 가며 설명해 주었다. 그녀는 무사히 침대칸에 안착한 단원들을 엄마처럼 바라보며, 이것이 마지막 인사일 것 같으니 여행길에 안전하라는 말을 전해 주었다. 바라나시로 향하는 내내 고정관념으로 인해 사람을 나쁘게 생각했다는 것에 대한 죄책감이 들었다. 나는 편견과 고정관념으로 인해 하마터면 소중한 인연을 놓칠 뻔했다.

하지만 또다시 유사한 상황이 우리를 엄습했다. 바라나시에서 다시 델리로 넘어오는 기차 안에서 우리는 여느 때와 같이 신경이 곤두서 있었다. 오토 릭샤라 불리는 삼륜 오토바이 택시 2대를 이용하여 기차역으로 향하며 인도의 매캐한 매연을 뒤집어 쓰면서 역까지 무사히 도착하기만을 기도했다. 첫 번째 고개였던 기차역까지는 모두 무사히 도착할 수 있었다. 다음으로 기차역에서 수많은 인도인의 시선을 이겨 내고 기차를 타야 했다. 이번에도 우리는 영화 〈300〉의 스파르타 용사처럼 방패로 거북이 등껍질을 만들 듯 똘똘 뭉쳐 기다리고 있었다.

그런데 7명 정도 되는 인도의 젊은이가 우리 주변을 서성거리며 우리를 살피는 것이 아닌가. 그리고 자기들끼리 시시덕거리며 비웃었다. 그들의 모습은 흡사 우리의 짐을 노리는 도적떼 같았고, 준영이 형과 나는 '건들기만 해 봐. 가만 두지 않겠어.'라는 눈빛으로 그들을 째려보았다. 어느 정도 신호를 주면 피할 것이라 생각했는데 그들은 더욱 노골적으로 우리를 쳐다보았다. 급기야 이 상황을 참지 못한 준영이 형이 그들에게 당당하게 걸어갔다. 순간 아차 했지만 준영이 형의 행동이 너무 빨라 말릴 틈이 없었다. 그들에게 한참을 쏘아붙이며 말하는 제스처가 보이는가 싶더니 이상한 일이 벌어졌다.

그들이 웃기 시작했고, 심지어 쏘아붙이던 준영이 형도 악수를 하고 어깨동무를 하는 아이러니한 상황을 연출했다. 그러고는 그들을 한꺼번에 우리 곁으로 데려와 인사를 시키는 것이 아닌가. 알고 보니 그들은 이제 막 20살이 된 근처 대학의 신입생들이었다. 우리를 쳐다본 것은 단순히 동양 사람을 본 신기함 때문이었고, 비웃는 듯한 표정은 사실 우리에게 인사 차원에서 보낸 미소였던 것이다. 우리 짐을 노리는 도둑처럼 보이던 눈빛은 우리와 같이 사진을 찍을 기회를 엿보던 것이었다. 우리는 어느새 그들과 친구가 되었고 그들의 휴대폰으로 사진을 찍고 악수를 건네며 그들과 씁쓸한 작별 인사를 해야 했다.

연신 우리에게 사진을 찍어 줘서 고맙다고 인사를 하던 그들의 순수함에 다시금 그들을 오해한 것이 미안해졌다. 이번에는 나뿐 아니라 단원들 모두 그들을 오해한 것에 미안함을 느끼고 델리까지 가는 기차 안에서 이야기를 나누며 서로 많은 반성을 했다.

신경이 곤두서 있고 고정관념으로 가득 찬 우리의 마음은 해맑은 누군가의 미소도 비웃음으로 만들었고, 이야기 나누고 싶어 하는 눈빛을 도둑이 기회를 살피는 것으로 만들어 버렸다. 이 얼마나 바보 같은 상황인가. 비록 모든 상황에서 경계를 하고 자신을 보호해야 하는 것은 당연하다. 하지만 다가올 수 있었던 인연조차도, 순수한 그들의 눈빛마저도 사악하게 만드는 지나친 경계는 여행을 망치는 지름길이 되곤 했다. 진심은 통한다고 하지 않는가. 이후의 일정에서는 바보처럼 고정관념과 편견에 사로잡혀 소중한 인연을 놓치지 않도록 더욱 애썼다.

10
유럽을 누비는 인물들을 통해
한걸음 성장하다

박지성과 윤석영 그리고 재즈가수 나윤선.

반기문, 박지성, 김연아 등은 세계에서 한국을 빛낸 사람들이다. 우리는 세계일주를 하며 그들을 볼 수 있지 않을까 하는 부푼 기대감을 가졌다. 유명인들에게 '아리랑' 한 구절을 불러 달라고 부탁하고 영상을 담는 것이 하나의 목표였다. 한국에서 출발하기 전부터 우리는 그들을 만나고자 연락을 시도했다. 하지만 연락은 쉽게 닿지 않았다. 그렇다고 해서 포기할 우리가 아니었다. 연락이 안 된다면 그들을 직접 만나러 가면 된다는 무대포식 계획을 세웠다. 우리는 박지성 선수와 윤석영 선수를 만나기 위해 경기장을 찾아가 경기 시작 3시간 전부터 선수들이 도착하는 곳에서 진을 치고 있었다. 우리는 그저 스쳐 지나갈 수 있는 박지성, 윤석영 선수의 눈을 사로잡기 위해 한복을 입고 태극기를 들고 있었다.

날씨가 정말 매섭게 추웠던지라 겉에는 단체 외투를 입고 오매불망 그들이 오기만을 기다렸다. 추위에 덜덜 떨고 있는 우리에게 가장 큰 관심을 보인 사람들은 우리와 같은 입장에서 선수들을 기다리는 한국인 여행객들이었다. 그중에 런던에 체류하고 있는 프리미어리그 골수팬이 있었는데, 우리가 덜덜 떨고 있는 모습이 안쓰럽고 한편으로는 기특해 보였는지 어느 위치에 서 있어야 선수들이 우리의 모습을 잘 캐치할 수 있는지 등 자신만의 노하우를 전수해 주었다.

얼마 있지 않아 박지성, 윤석영 선수가 탄 구단 버스가 눈에 들어왔다. 우리는 입고 있던 외투를 벗어던지고 그들을 환영할 준비를 마쳤다. 버스의 문이 열리고 코치진과 낯익은 선수들이 버스에서 내리기 시작했다. 그런데 우리가 기다리던 박지성, 윤석영 선수의 모습은 보이지 않았다.

그렇게 한참을 기다리는데 드디어 우리가 오매불망 기다리던 박지성 선수가 눈에 들어왔다. 우리는 큰소리로 '지성이 형'을 불렀다. 하지만 경미한 부상과 근래에 경기 출전을 하지 않아서인지 기분이 썩 좋아 보이지 않았다. 그는 우리를 보고 정중히 인사를 하며 지나갔다. 앞서 기다리며 친해진 흑인 경호원은 우리보다 더 아쉬워했다. 그렇게 박지성 선수를 보낸 뒤 안타까워하고 있는데, 곧이어 윤석영 선수가 하차했다. 우리는 다시 '석영이 형'을 외치기 시작했다. 비록 우리 곁에 다가오지는 않았지만 윤석영 선수도 우리를 보고 고개를 숙이며 한복을 입고 경기장을 찾아 준 아리랑 유랑단에게 답례해 주었다.

그 순간, 추운 날씨 속에서 기다리며 얼었던 몸과 마음이 순식간에 풀렸다. 그렇게 선수들과 짧은 만남을 마치고 우리는 실제 경기장에서 그들을 응원하는 것이 더 큰일이라고 생각해서 외투를 벗어던지고 경기장 안에서 태극기를 휘날리며 선수들을 응원했다.

안타깝게도 두 선수 모두 그날 경기에 출전하지는 않았다. '아리랑'을 부르는 영상은 물론, 한국 선수들이 직접 뛰는 모습을 보며 응원을 할 수는 없었지만, 멀리에서 한국 선수를 응원하러 왔다는 것을 현지 팬들에게 보여 주었다. 비록 상황이 여의치 않았지만 정중하게 우리에게 인사를 건네 준 두 선수의 모습이 감동적으로 다가왔다.

사실 우리에게 더욱 큰 감동을 선물한 분은 따로 계셨다. 아리랑 유랑단이 파리에서 활동하던 당시 우리는 세계적인 재즈가수이자 박근혜 대통령 취임식에서 아리랑 판타지를 불렀던 4명의 디바(인순이, 안숙선, 최정원, 나윤선) 중 한 분인 나윤선 님이 같은 시기에 파리를 방문한다는 정보를 입수했다.

티켓을 알아보고 또 알아보았지만 매진이었다. 달리 방도가 없었다. 무작정 공연장을 찾아가는 수밖에. 공연장은 이미 관객들로 인산인해를 이루었다. 우리는 현장 판매 분이라도 살 수 있을까 하는 실낱같은 희망으로 티켓을 구해보았다. 매표소로 갔지만 눈앞에

파리에서 만난 나윤선 님은 아름다운 음악으로 한국의 문화를 전파하고 있었다.
그녀와 함께한 짧은 순간이 여전히 가슴 떨리게 기억난다.

'Sold out'이라는 문구가 대문짝만 하게 적혀 있었다. 매표소 직원에게 손짓 발짓을 해 가며 표 구매를 희망한다는 메시지를 전달했지만 돌아온 것은 'X'자 표시였다. 너무나도 아쉬웠다. 하지만 모든 희망이 사라지는 순간, 오기라는 녀석이 우리의 등을 떠밀었다. 이곳까지 와서 나윤선 님을 뵙지 못하고 가면 너무 아쉬울 것 같았다. 그래서 우리는 무대포 정신을 백분 활용하기로 했다.

염치불구하지만 대기실에서 막간의 인사를 드리고 싶었다. 나와 동국이는 이를 실행에 옮겼다. 그러기 위해서는 먼저 대기실을 찾아야 했다. 공연 경험이 많아서인지 대략적인 위치가 그려졌다. 그러고는 백스테이지로 향하는 입구의 위치를 단번에 찾아냈다. 하지만 대개 잠겨 있는 경우가 많아 문을 여는 것부터가 1차 고개였다. 그런데 웬일인지 문이 쉽게 열렸고, 백스테이지로 향하는 길목이 마치 천국으로 향하는 다리처럼 빛났다. 동국이와 나는 사뿐사뿐 백스테이지로 향했다. 눈앞에는 수많은 대기실이 있었지만 우리가 찾던 그 문을 쉽게 찾을 수 있었다. 문 앞에 'Younsun Nah'라고 적혀 있었던 것이다. 나는 떨리는 마음을 애써 누른 채 조심스레 문을 두드렸다. 그러자 잠시 뒤 꾀꼬리 같은 목소리가 문 너머로 들려왔다.

"네!"

천국의 문이 조심스럽게 열리자 진짜 천사가 나타났다. 나윤선 님은 우리를 보고 놀란 기색도 없이 너무나 자연스럽게 "반가워

요."라고 인사해 주었다. 우리는 조심스레 자초지종을 설명했다. 우리는 아리랑으로 전 세계인들과 소통하기 위해 세계일주 고개를 넘고 있는 아리랑 유랑단이라고 소개했다. 그러고는 나윤선 님의 파리 공연을 위해 왔지만 표가 없어 발걸음을 돌리려 했으나, 오기가 생겨 여기까지 찾아오게 되었다고 이야기했다. 안타까운 표정으로 우리를 쳐다보시던 나윤선 님은 우선 로비에 있는 단원들을 모두 불러오라고 했다.

단원들이 오자 그녀는 우리를 누군가에게로 데리고 갔다. 바로 현지 에이전시 대표 분이셨다. 그녀는 자기 일인 것처럼 우리를 소개하고, 우리가 좀 전에 했던 내용들을 정리하여 다시 대표에게 말해 주었다. 그러고는 우리가 공연을 볼 수 있게 해달라고 부탁하셨다. 하지만 대표님은 이미 좌석이 만석이라 안타깝지만 그럴 수 없다고 말했다. 물론 공연을 보지 못하는 것은 굉장히 아쉬웠지만 우리는 그녀를 봤다는 것만으로도 만족하기로 했다.

안타까움을 함께 나누던 그녀는 다시 대표분께 공연을 보는 것이 안 된다면 앨범이라도 선물하고 싶다고 말했다. 공연을 앞두고 있던지라 빨리 자리를 피해 드려야 했는데도 그녀는 가져온 씨디에 사인을 해 주시고는 일일이 포옹해 주시며 사진을 찍어 주셨다. 그러고는 파리에는 도둑이 많다며 지퍼를 꼭 채우고 다니고 항상 붙어 다니라는 엄마와 같은 당부도 잊지 않으셨다. 그녀와 헤어지고 숙소로 오는 길, 우리 모두 하나가 되어 나중에 우리가 더 큰 어른이 되었을 때 그녀처럼 겸손하고 아름다운 사람이 되자고 다짐했다.

유럽이나 미국 등의 해외를 나가 보면 아직도 한국이라는 나라를 잘 모르거나 생소하게 생각하는 사람이 많다. 그러나 그곳에서도 우리나라를 대표하는 사람들이 당당히 자신의 길을 걸어가고 있다. K-POP 열풍의 중심에 선 가수들도 마찬가지이다. 나는 그들의 도전과 노력 속에서 진심을 보았고, 그 진심이 많은 사람에게 한국을 알리는 열쇠가 될 것이라 생각했다.

11

머나먼 열망보다
내 옆의 것에 감사하다

여행자와의 만남에서 삶에 대한 감사를 배우다.

한인민박에서는 재미있고 다양한 사연을 가진 여행자를 많이 만날 수 있다. 그중에서 가장 기억에 남는 사람은 스페인 마드리드 한인민박에서 만난 이동엽이라는 청년이었다. 동엽이는 군 입대 전에 유럽 배낭여행을 떠나왔는데, 그날도 단원들과 함께 민박집 사장님이 차려 주신 아침밥을 먹다가 그를 만났다. 긴 기럭지에 훈남의 분위기가 흐르는 동엽이와는 외국 거리에서 처음 만나는 사람과 자연스럽게 인사하듯 "Hi!"라고 인사한 뒤 여행을 오기까지의 이야기를 들을 수 있었다.

하지만 그는 곧 다른 지역으로 이동한다고 했다. 그런데 나의 눈을 사로잡은 것이 있었으니, 그의 배낭이었다. 낡아 보이는 빈티지풍에 오래되어 보이는 다양한 국가의 패치들이 다닥다닥 붙어 있는 배낭이었다. 배낭에 분명 사연이 있어 보였다. 나는 그에게 배낭의 사연을 물었고 그는 한 편의 영화 같은 이야기를 들려주었다. 그 배낭은 사실 20여 년 전 아버지가 유럽여행을 하며 메고 다녔던 가방이라고 한다. 20년이 흘러 아들이 유럽여행을 가려 하니 아버지께서 자신이 메었던 낡은 배낭을 물려준 것이다. 그리고 지금 그는 아버지가 다녀오지 못했던 국가를 여행하며 새로운 국가의 국기 패치를 하나하나 붙여 나가고 있었다. 또한 아버지가 20년 전 다녀갔던 똑같은 장소에서 사진을 찍고 그 추억을 아버지께 전송하고 있었다.

20년이 흘러 아들은 아버지가 가지 못했던 국가를 방문해서 못 다 이룬 아버지의 꿈을 이루고 있었고, 20년 전 아버지와 함께 여행을 하고 대화를 나누고 있었다. 나는 그를 보며 새로운 꿈을 찾았다. 자녀가 생긴다면 엄청난 부의 물림보다 낡고 허름해도 나의 세계일주와 함께했던 배낭을 물려주겠다고 말이다.

감동을 넘어 동경의 대상이 된 아이템도 있었다. 그 주인공은 전 세계를 돌며 우리의 발이 되어 준 자동차였다. 우리가 페루에서 머문 곳은 마당에 차량 주차가 가능한 게스트 하우스였는데, 귀엽고 앙증맞은 폭스바겐 봉고차가 있어 매일같이 우리의 눈을 사로잡았다. 우리는 봉고차에 깃든 사연을 듣고 그 주인들을 동경하게 됐다. 이 차의 주인은 호주에서 온 커플로, 너무나 착한 마음씨를 가진 서퍼들이었다. 이들의 목표 중 하나는 남미 곳곳의 해변을 돌며 서핑을 하는 것이고, 다른 하나는 자신들에게 호의를 베풀어 준 사람이나 여행객들에게 커피를 무료로 제공하는 것이었다. 그들의 봉고차는 이동 수단이자 움직이는 카페였던 것이다.

호주에서 남미로 넘어온 그들은 칠레에서 이 허름하고 낡은 봉고차를 한 대 구입했다. 그러고는 현지에서 구한 재료들을 총동원하여 뒤 칸에 침대를 만들고, 커피와 조리가 가능한 작은 가판을 만들었다. 모두 현지의 벼룩시장 등에서 구한 것들이라 큰 비용이 들지는 않았다. 이들은 남미를 종횡무진하며 매일같이 자신들의 사랑과 꿈 그리고 추억을 만들어 가고 있었다. 우리가 떠나기 전날 밤 그들은 우리를 자신의 카페이자, 집으로 초대해 주었다. 그러고는 세상에서 단 하나밖에 없는 특별한 카페에서 남미 곳곳에서 구해 온 양질의 원두를 직접 갈아 우리에게 향기로운 커피를 만들어 주었다.

건축가 승효상은 "오래된 것은 다 아름답다."라고 말했다. 사실 처음에는 그 말이 잘 와닿지 않았었다. 우리의 민요이자 한이 서린 '아리랑'을 부르고 세계인들과 소통하면서도 말이다. 그러다가 마드리드의 한인민박에서 만난 동엽이의 오래된 아버지의 가방, 페루에서 만났던 오래되고 낡은 봉고차를 개조하여 자신의 집과 카페를 만든 커플을 보며 오래된 것에 대해 다시금 생각하게 되었다.

'아리랑'은 우리나라를 대표하는 민요이다. 이것은 아주 오래전부터 불려 지금까지도 이어져 오고 있다. 그리고 우리는 이 아리

세상에서 단 하나밖에 없는
봉고차 카페에서
우리는 가장 향기로운 커피를
맛보았다.

랑을 세계에 알리기 위해 세계일주의 배를 탔다. 여행을 통해 나는 '오래된 것'에 대한 나의 생각을 바꿨다. 오래된 것이 나쁘다는, 고리타분하다고 말하는 사람을 보면 피식 웃음이 새어 나온다. 얼마나 바보같은 발상인가? '오래된 것'을 통해 나는 일상 속 작은 것의 소중함을 깨닫게 되었고, 삶의 위대함을 몸소 체험할 수 있었다.

아리랑 유랑단도 언젠가 '오래된 것'이 될 것이다. 하지만 그 속의 진심과 문화의 향기는 오래도록 간직될 것이다. 그것이 진심이 담긴 '오래된 것'의 진짜 매력이 아니겠는가.

12
다름을 지적이 아닌
이해로 발전시키다

우리는 가족이었고 동지였고 친구였다.

　단장인 나는 항상 단원들의 상태를 예의 주시해야 했다. 아리랑을 전 세계에 알리고 세계인들과 소통한다는 큰 기획의 틀만 가지고 있었지, 단원들의 마음을 살핀다거나 어떤 리더십을 구사해야 된다는 것에 대해서는 깊게 생각해 보지 못했다.

　아리랑 세계일주를 하며 나는 참 많은 사람, 상황을 통해 다양한 가르침을 받았다. 국악중, 국악고, 국악과까지 한평생을 국악인으로 살아가고 있는 단원들과 부대끼면서 리더십이라는 것에 대해 조금씩 알아갈 수 있었다. 그것은 내가 앞으로 한국문화기획꾼으로 살아가는 데 있어서 어떤 마음을 가지고 예술인을 대해야 하는 것에 관한 것이었다.

　아리랑 유럽 원정을 갔을 때의 일이다. 유럽 원정 전에 전국의 아리랑 고장(문경, 밀양, 진도, 정선)을 누비며 나는 그들과 나름 친해졌다고 생각했다. 하지만 친한 것은 친한 것이고 예술적인 것에 대해서는 제대로 선을 그을 줄 몰랐다. 그래서 영국 런던의 어느 공원에서 연습 중에 정민이가 저지른 실수를 꼬집어 내며 마음을 상하게 만들었다. 그날 저녁 나는 단원들의 집합을 받아 가르침(?)을 받게 되었다. 그때 나는 참 어렸고 철이 없었기에 늘 실수하고 혼이 나야 했다. 만약 그때 그 순간이 없었다면 나는 아직까지도 철 없이 실수하고 혼만 나는 사람으로 살아가지 않았을까 싶다.

서예 단원 정화와는 한글 유랑단은 물론 아리랑 스쿨까지 지속적으로 인연을 이어 가고 있다. 내가 가장 부족했을 때부터 나의 일거수일투족을 봐 온 그녀는 지금의 나를 바라보며 예전과 참 많이 달라졌다는 말을 하곤 한다. 장족의 발전이라는 말까지 하는 것을 보면 내가 달라지긴 많이 달라졌나 보다.

아리랑 유랑단의 새로운 단원들을 모집하는 오디션 날, 나는 특별한 경험을 했다. 불과 몇 년 전에만 해도 이름도 없는 대학생들이 주축이 된 단체였던 우리가 어느새 국악계, 서예계 등 우리 문화예술계 청년들에게 많이 알려져 꼭 함께하고 싶은 단체가 되었다는 사실을 알게 되었다. 모집 공고 글이 천여 명이 넘는 조회 수를 기록하는가 하면 10대 1이 넘는 경쟁률을 기록하기도 했다. 지원자 중에는 내가 활동하는 모습을 보며 꿈을 키웠다는 사람도 있었다.

내가 앞으로 헤쳐 나가야 할 길은 아직 멀고도 험하다. 하지만 지금까지 그래 왔듯이 직접 부딪히고 가시덤불 고개를 넘으며 한 단계 한 단계 성장해 나가고자 한다. 나와 같은 꿈을 꾸는 사람이 있다면 가만히 앉아 열매가 떨어지길 바라지 말고 나처럼 어려운 길을 성큼성큼 나아가 보라. 언젠가는 분명 자신이 걸어갈 길목에 다다라서 뿌듯함의 미소를 짓게 될 것이다.

아리랑 유랑단의 117일간의 일정 동안 우리는 가족이었고 동지였고 친구였다. 우리는 서로의 다름 속에서 부딪히고 힘들었지만 '아리랑'으로 마음을 다잡고 다시금 앞으로 나아갈 수 있었다.

세계 속에서 아리랑을 선보였던 그 순간의 환희가
여전히 우리 모두의 마음을 두근거리게 만든다.

멈추지 말고 일단 넘어 보라!

우리는 매일같이 고개를 넘고 또 넘는다. 일어나서 씻고 밥을 먹고 대중교통을 이용하여 목적지로 이동하는 등 매일같이 고개를 넘을 수 있는 이유는 보이지는 않지만 우리를 환하게 비춰 주는 꿈이 기다리고 있기 때문이다.

유년 시절, 나는 방황의 끝에서 스튜어드라는 꿈을 찾았다. 그 꿈을 향해 한 발자국 한 발자국 힘차게 걷고 나니 한 고개의 정상에 도달해 있었다. 그때 정상에서 바라본 산등성이는 아름답다 못해 경이로웠다. 고개 너머로 일출을 바라보며 짜릿함을 느낀 나는 더욱더 찬란한 미래를 꿈꾸기 시작했다. 그리고 꿈을 이루기 위해서는 인내가 필요하다는 것을 깨달았다. 고개를 넘고 넘어 이제는 아리랑과 함께 한국문화의 전 세계 프렌차이즈화를 꿈꾸고 있다.

아리랑과 함께 고개를 넘기 전에 나는 세상이 던지는 수많은 질문에 제대로 된 답을 하지 못하는 청춘에 불과했다. 그랬던 내가 아리랑과 함께 세계일주를 하면서 힘찬 발걸음을 내딛기 시작하자

내 눈을 가리던 차안대가 벗겨졌고, 그동안 보지 못했던 것들이 보이기 시작했다. 여행을 하면서 수많은 사람을 만나고, 수많은 사연이 있는 장소를 유랑하며 그동안 답하지 못했던 질문에 대한 답을 찾아 나갔다. 그리고 세계일주를 다녀온 지금 나는 아직 불완전할지라도 세상의 질문에 답할 수 있는 용기를 갖게 되었다.

당신은 지금까지 얼마나 많은 고개를 만났는가? 그리고 그 고개에서 만난 질문마다 어떤 답을 찾아냈는가? 과정이 힘들다고 중간에서 포기하고 울부짖지는 않았는가? 나는 나와 같은 고민의 터널을 지나고 있는 이들에게 말하고 싶다. 지금의 자리에서 멈추지 말고 박차고 나가라고, 수많은 고개를 만나더라도 그것을 새로운 경험으로 만들어 내라고 말이다.

여행을 하고, 아르바이트를 하고, 동아리 활동을 하는 등 세상에는 내가 미처 겪어 보지 못한 경험이 수없이 많다. 남이 만들어 놓은 판에서 수십 번 뒹굴어 본 뒤에야 진정 내 판을 만들 수 있는 용기를 갖게 된다. 일본 작가 다카하시 아유무는 《어드벤처 라이프》에서 이런 말을 했다.

'가능성이 제로가 아니라면 일단 해 보는 거야!'

다카하시 아유무의 말을 빌려 당신에게 마지막으로 전하고 싶은 말은 가능성이 제로가 아니라면 고개를 들고 즐겁게 고개를 넘으라는 것이다. 그렇게 된다면 나만의 꿈을 향한 고갯길을 신나게 넘을 수 있을 것이다.

늘 하늘에서 인자한 미소로 바라보시며 응원해 주시는 주님, 여자 혼자 아들을 키우며 아들을 세상의 유일한 낙으로 생각하시는 자랑스러운 어머니, 홀로 삼남매를 키우시고 어린 손주까지 손수 키워 내신 세상에서 가장 강인한 외할머니 그리고 가장 힘든 유년 시절에 항상 돌봐주셨던 외갓집 식구들, 아리랑 세계일주 고개를 넘을 수 있도록 적극적으로 후원해 주신 카페베네의 김선권 대표이사님, 힘들 때마다 함께해 주었던 아리랑 유랑단 단원(이정화, 권귀진, 김동국, 신유진, 손정민, 임정민, 황가연, 백주희, 박준영, 정하나, 정은혜, 이규빈, 김의경, 이희연, 조수민)과 한글 유랑단(정주현, 조준모, 김정민, 박순정, 박윤원), 나의 형제이자 소울 메이트인 동진이를 비롯한 TAYP 멤버들(엄지, 송화연, 이용현, 장대진, 이지영), 여행이라는 키워드로 만나 형제 같은 만남을 지속하는 여행대학 식구들(강기태, 강병무, 류시형, 김승민, 김수환, 류재언, 정상근, 김물길, 류광현, 신강식, 배성환), 죽마고우 김병준, 김경호, 이동진, 이상우, 박상준.

그 외 절친 박현욱, 윤소정, 이효찬, 카페베네 김미나 누님, 정창래 형님, 항상 큰 가르침 주시는 심상진 교수님, 임성철 교수님, 이재곤 교수님, 이주형 교수님, 이종헌 교수님, 최미선 교수님, 황세웅 교수님, 옥스퍼드대학교 지영해 교수님, 사이버외교사절단 박기태 단장님, 뉴욕한국학교 김수진 선생님, 이정진 선생님, 산티아고 최지옥 선생님, 바르셀로나 크리스 윤 선생님, KT&G 차미숙 과장님, 행정안전부 신승오 위원님, 웅진 김호경 대표님, 배지은 누님, 기아자동차 명세환 형님, 정진욱 차장님, 이국영 대리님, CJ 김정민 부장님, 인텔코리아 이희성 멘토님, 김인래 부멘토님, 여행박사 신창연 대표님, 최승수 이사님, 상화형, 문경시청 엄원식 연구원님, 신종혁님, 기아차 글로벌 워크캠프, G마켓 해외봉사단 라오스토리, 아시아나 드림윙즈, 국대홍 K-1, 하나투어 투챌(김미경 누님, 이상진 형님), LIG손해보험 24/7(김정휴 대리님), 카페베네 베네봉, 베네홍, CJ ONE 블로스터, 한국장학재단 코멘티 대타자, 대한민국 정부포털 아띠2.0, 매일경제 세계지식포럼 YKL(문지연 누님), 제주항공 조이버(조연주 누님), 런던올림픽 한우 서포터즈, 알바인 청춘아, 네이버 트렌드 리포터, 서대문경찰서 대학생 멘토단,

331 군대 전우들, 대한민국 인재상, 한국관광공사 창조관광사업공모 관광벤처팀 강규상 팀장님(최현 과장님), 문두현 멘토님, 안광호님, 청춘여담, 청년 세바시, 경기대학교 홍보대사 기대주 및 홍보팀(현정쌤), 경기대 관광대 연극 동아리 무대소품, 대한민국 대학생 홍보대사 연합 아삭, 스펙토리 공장, 아리랑 스쿨, 전통예술기획자양성과정 전기양, 청년위 또래멘토, 콘텐츠진흥원 상상캠프, 아삭고퀄, 삼성카드 영랩 골드코스트 식구 등…….

청춘의 힘찬 고갯길을 오르는 데 큰 힘을 주신 모든 분께
고개 숙여 큰 절 올립니다.